「民意」の嘘

日本人は真実を知らされているか

Sakurai Yoshiko
櫻井よしこ

Hanada Kaszuyoshi
花田紀凱

産経セレクト

S-006

日本のメディアは国際情勢の変化を伝えているか——はじめに

櫻井よしこ

本書で主として論じている事柄は二〇一五（平成二七）年から一六年にかけてのことだ。この間私たちはアメリカ大統領選挙の候補者指名争いで、ある種異常と言ってよいような政治劇を見続けた。超大国アメリカは一体どこに行こうとしているのかと懸念を深めつつも、私たちに投票権はない。

一一月の大統領選挙の結果を予測することはできないが、アメリカが大国の座に伴う責任を持て余し、国際社会の紛争から徐々に手を引き、力の空白を作りすぎてしまったことは明確である。その空白に新興の超大国たらんと欲する中国が積極果敢に攻勢をかけ続けたことも、明確に見てとれる。

大国の興亡が、眼前で進行しつつある。米中のせめぎ合いは、これまで人類が体験してきた一〇〇年か二〇〇年に一度の超大国の座の入れ替わりにつながるのか。一八世紀から一九世紀にかけて世界に君臨した大英帝国、二〇世紀の世界を席巻した米国に続いて、中国は二一世紀の超大国になり得るのか。率直に言えば私は疑問を抱いている。

そもそも超大国とは何か。軍事力だけでその座を手にすることはできない。万人の暮らしを支える経済力と、万人が憧れ、競って身につけようとする文化力なしには、乱暴な力治国家となって、周辺諸国の反発を買うだけだ。中国は、それに依拠すれば安心して暮らせる制度や価値観を国際社会のために確立できるのか。異なる歴史や背景を持つ人々や民族、国々が、憧れと親しみを抱く国であり得るか。

自国の国民さえをも幸福にしきれていない中国にとって、超大国に必要なこうした資質を身につけることは非常に難しいのではないか。

中国はいまも力尽くで世界に覇を打ち立てようとしている。軍事力のさらなる強化に励み、軍事力の効用を最大限活用しようとしていることに懸念せざるを得ない。

中国共産党がアメリカや国連を舞台に繰り広げる対日歴史戦争の凄まじさと執拗さから、彼らが我が国にとりわけ強い敵対心を抱いていることも見てとれる。彼らの対外政策は「圧倒的優位の力」を養うことであり、それは日本に対しても例外ではない。東シナ海が顕著な例である。

本書でも触れているが、二〇一三年六月以降、中国は東シナ海に新たなプラットホーム、すなわち海洋ステーションを一二基も建てた。軍事転用可能なこれらの海洋ステーションは、有事の際の日本攻撃の最前線基地になり得る。加えて、尖閣諸島を守る海上保安庁に対抗して、中国は海警局の体勢を大幅に強化した。安倍晋三内閣が、海保保有の一〇〇〇トン級の大型船を六隻体勢から一三隻体勢へと増やしたのに対し、中国側は同時期に一〇〇〇トン級の船を四〇隻余りも建造した。一万二〇〇〇トン級の海警二九〇一も最終的には一〇隻導入すると見られる。一万トンを超える大型船は無論、海保には一隻もないばかりか、海上自衛隊にも五隻しかない。

中国は二〇一〇年から三年間で、第四世代戦闘機一〇個飛行隊分を増強した。これは日本の航空自衛隊が保有する第四世代戦闘機の総数と同じである。日本が持てる最新型戦闘機の全体数を、彼らが三年足らずで製造してしまった結果、現在、第四世代戦闘機の日中比は二九三機対七三一機となった。海でも空でも、中国は前代未聞の膨張を続け、日本に対する優位を固めつつある。

ここでどうしても二〇〇九年のアメリカ国防総省のシンクタンク、ランド研究所による台湾海峡を巡る中国軍事力の分析に触れなければならない。

「中国の大規模で現代的なミサイルや空軍は、台湾海峡や台湾上空を支配しようとする台湾及びアメリカに、ほぼ対応不可能な挑戦をつきつけるに至った」とランド研究所は分析した。

アメリカはもはや台湾海峡を巡る戦いで、中国の力の前に制空権を取れると確信してはならないという警告である。これは、同研究所が二〇〇〇年時点で行った分析とは大幅に異なっていた。二〇〇〇年時点では台湾防衛についてい台湾もアメリカも「それなりの自信が抱ける」と、ランド研究所は見ていた。

アメリカ海軍大学准教授のトシ・ヨシハラ氏とジェイムズ・R・ホームズ氏は二〇一〇年出版の共著『太平洋の赤い星』（山形浩生訳、バジリコ）で、ランド研究所をはじめとするアメリカのシンクタンク及び専門家たちが、この一〇年程の間に中国の軍事力に対する分析を大きく変えたこと、アメリカにとって台湾防衛はもはや困難になったと考え始めた複数の専門家の事例を紹介している。中国人民解放軍はどの国の専門機関の予測よりも早く、より高い水準で近代化を成し遂げたと言うのが、ヨシハラ氏らの結論である。

ちなみにヨシハラ、ホームズ両氏は右の書の刊行後、共に教授に就任したが、この書が描き出して見せた現実は、日本にとって背筋の寒くなる内容ではないか。このような国際情勢の変化を知っておかなければ外交でも安全保障でも、正しい判断は下せない。では、日本のメディアはこの種の情報を伝えてきただろうか。一部メディアにおいては明らかに「ノー」である。

隣国が舌を巻く程の軍拡を成し遂げ、同盟国の大統領がひたすら内向きの政策選択に傾く中、日本が成すべきことは山積しているが、その第一は自衛力の強化に他ならない。この一年、安倍内閣が試みたのはまさにそのことだった。具体的に言えば、安保法制である。しかし、国会での議論も、メディアにおける議論も、国民、読者、視聴者に事の本質を説明して見せ得たかと言えば、そうではなかった。我が国周辺の情勢が正しく報じられていないために、我が国の安全保障をどのように担保できるのかを論ずる知的土台や危機感が、説明する側にもされる側にも、いまだ醸成されていなかったからである。

国際情勢の変化に対応できなければ国家は衰退する。国際政治の大きな変化に呑み込まれてはならないのである。日本はこの大変化を乗り越えると決意し、新しい発想で力をつけ、日本らしい国造りに目覚めなければならない。日本らしい国際社会への貢献をいま進めなくていつ進めるのか。

インターネット配信の「言論テレビ」では論客を招いてこうしたテーマについて討論した。登場してくださった論客も、お招きしたこちら側、つまり花田紀凱《かずよし》氏も私自身も、各々の立場で、議論を深めるべく論陣を張った。本書におさめたのはその一部である。

産経新聞政治部編集委員の阿比留瑠比《あびるるい》氏とは、安保法制と憲法の関係について、過去に展開された安保論を振りかえったが、その不毛さにいまさらながら天を仰いで溜息をつく思いだった。現在の野党が主張する反対論を検証してみれば、過去のその不毛な議論との共通項が多いのに、これまた深い吐息をつく思いだった。朝日新聞などが若者の代表と位置づけた「ＳＥＡＬＤｓ」に各世代の男女がどのような反応を見せているかを調査した『産経』の分析が非常に興味深かった。

憲法学者の百地章《ももちあきら》氏は日本の憲法学の権威とされている東京大学・宮澤俊義《みやざわとしよし》氏の

二転三転の変節の軌跡を語った。宮澤氏の系譜に連なる憲法学者が日本の憲法論を主導してきたことは、実に日本の不幸であったと実感した。

「ヒゲの隊長」としてイラク・サマワのＰＫＯ活動を指揮した参議院議員佐藤正久氏は豊富な安全保障や平和維持活動の現場体験を通して観念論に陥りがちな安保法制をわかり易く肉付けした。佐藤氏のような人材がもう少し存在すれば安保法制の議論ももう少し深まったのではないかと思う。

朝日新聞出身の永栄《ながえ》潔《きよし》氏の対談は出色だった。対談相手を務めた花田氏の手腕こそ、流石である。永栄氏は、田原総一朗、岸井成格《しげただ》両氏をはじめとする六人のジャーナリストを痛烈に批判する。高市早苗総務大臣の放送法に関する発言に「私たちは怒っています！」として記者会見した六氏の発言を永栄氏は快刀乱麻を断つ如く、切れ味よく斬っていた。

その文章同様、柔らかでいながら切れ味のよい永栄氏の論は、皆さんにも楽しんでいただけるのではないかと思う。

今回、言論テレビでの討論を『「正義」の嘘』に続く『「民意」の嘘』として上梓するに当たって、中国海洋戦略研究の第一人者である平松茂雄氏の著作を読み返した。改めて平松氏の偉業に敬意を表したい。氏は一九九〇年代初頭から、実に四半世紀以上も前から、正確に南シナ海情勢を分析し、東シナ海で起きる事態を予測していた。

数多い氏の著書の中の一冊、『続　中国の海洋戦略』（勁草書房）では、七四年一月時点で中国がパラセル諸島（西沙諸島）を完全に軍事力で支配した事実を指摘したうえで、フィリピン海域への侵入についてざっと以下のように書いている。

サンゴ礁でできている南沙諸島の六つの礁（ハーフムーン礁、第一トーマス礁、第二トーマス礁、サビナ礁など）を「外国人漁民」が占拠し建造物を建てて住み着いたことが、九二年春までに確認された。これらの礁は満潮時には海中に没してしまうため、漁民は竹とアンペラ（筵《むしろ》の一種）で作った高床式の小屋を建てていた。

これだけでは漁民の正体はわからない。平松氏はしかし、中国軍の写真雑誌『解放軍画報』の九三年四月号に、中国軍測量部隊が九二年三月から南沙諸島の大規模な測量を実施したという記事が写真と共に掲載されていたのを発見した。写真には「南沙半月礁」と大書した主権標識が写っている。ハーフムーン礁のことだ。さらに五星紅旗も大きく写っている。「漁民」はまぎれもない中国人民解放軍の軍人だったのだ。

ではこの九二年三月という時期の意味は何か。フィリピンから米軍が完全に撤退したのは九二年秋である。中国はその半年も前から軍の測量隊をフィリピン海域に侵入させていたわけだ。他方、ベトナムの場合、中国は米軍が南ベトナムから撤退するや、ベトナムからパラセル諸島を奪っている。

この二つの事象は中国の侵略行動に関して、重要なことを教えてくれる。たとえ米軍が駐留していても、米軍が手出しをしないと判断したとき、あるいは米軍が撤退して軍事力の空白が生じたとき、中国はその機を逃さずに侵略を開始するということだ。

ベトナムがパラセル諸島を中国に奪われた七四年一月には、アメリカ軍は疲弊しきっていた。ニクソン大統領がその前年三月に戦争終結を宣言しており、たとえ中国が南ベトナムから島を奪っても、アメリカが戻ってくることは金輪際ないことを、中国は把握していたのである。それが中国の侵攻を促したと見てよい。

フィリピンの場合、反米運動が高まり、フィリピン上院は九一年九月に米比基地協定の延長を否決し、米軍の撤退が決まった。

こうした状況を中国は分析したうえで、米軍がフィリピンから完全に撤退する九二年秋を待たずに、同年春、南沙諸島の六つの礁を奪うべく侵略行動を展開したのである。中国が南シナ海の島々を埋め立て、滑走路を造り、戦闘機・爆撃機に加えて対空・対艦ミサイルを配備し、軍事要塞化している現状は周知のとおりだ。

いま、日本周辺で起きつつあることは、南シナ海で起きたことなのである。日米同盟が機能せず尖閣諸島や東シナ海の危機に際しても米軍は動かないと中国が判断すれば、中国は必ず、一気に侵略する。東シナ海はそのとき、南シナ海化するだろう。

中国は毎月三回、三隻の海警局所属の公船がチームを組んで尖閣周辺の日本の領海に侵入し続けている。その背後に中国海軍の艦船が二隻、常時控えている。彼らは日本側の動き、とりわけ、有事に米軍がどう動くかを見ているのである。日米安保条約は果たして機能するのか。万一の場合、米軍はどこまで出てくるのか。中国は領海侵犯を繰り返しながら、日米にどこまで挑戦できるか、瀬踏みを続けている。

このような中国の侵略のパターンや、日本が直面している危機を、朝日をはじめとする革新系メディアは十分には報じない。本書で花田氏が朝日の「俳壇・歌壇」について語っているが、一六年四月一八日にも、金子兜太《とうた》氏がこんな句を選んでいた。

「九条の平和に遊び鳥帰る」

渡り鳥が日本で越冬してまた寒いシベリアや中国奥地に渡っていく姿を歌ったものであろうか。

相も変わらぬ九条讃歌ではないか。それにしてもこの句の詠み人は、渡り鳥が軍事力による強権外交を展開するロシアや人民解放軍が跋扈《ばっこ》して少数民族のチベット人やウイグル人、モンゴル人が虐殺され続けている中国に渡っていくのを、どのように詠むのだろうか。金子氏はどうか。大いに考えてしまった。

日本は本当に自由な国であるから、保守も革新も、右も左も、大いに議論するのがよい。その議論の中から事実や真実により接近する情熱が必ず、得られる。事実を知り、真実に目覚めた人の力は強い。その人々がしっかりした社会と国を創っていく。言論テレビの果たし得る役割はまさにそこにある。

日本をはじめ世界各国が大きな岐路に立たされている現在、建前だけの議論を突き崩し、物事の本質に近づきたい。偏見も思い込みも打ち捨てて、日本の未来を切り拓くその戦列に立ち、言論人としての役割を果たし切りたい。言論テレビ設立の心は、まさに鮮烈なその一点にある。

言論テレビを通じて、多くの方々と心を通わせ、志を同じくしたいと、私は日々、その瞬間瞬間、切望している。

平成二八年四月

「民意」の嘘

日本人は真実を知らされているか

◎目次

数字や肩書きなどは対談時のものです。

装丁　神長文雄＋柏田幸子
ＤＴＰ製作　荒川典久
本文写真提供　言論テレビ
帯写真　言論テレビ、産経新聞社

第1章　六〇年安保と同じ野党の大衆煽動

櫻井よしこ×阿比留瑠比×花田紀凱

阿比留瑠比（産経新聞論説委員兼政治部編集委員）

昭和41（1966）年福岡県出身。早稲田大学政治経済学部を卒業後、平成2年、産経新聞社入社。仙台総局、文化部、社会部を経て政治部へ。首相官邸キャップや外務省兼遊軍担当などを務め、現在、論説委員兼政治部編集委員。著書に『決定版　民主党と日教組』『破壊外交　民主党政権の3年間で日本は何を失ったか』（以上、産経新聞出版）、『政権交代の悪夢』（新潮新書）など。

憲法解釈はすでに一八〇度変わっている

櫻井　二〇一五（平成二七）年九月一九日、安倍（晋三）政権の大きな課題の一つだった平和安全法制（安保法制）が可決されました。

この間、安保法制は「戦後日本のあり方を大きく変えるものだ」という批判から「本来のあり方として憲法改正から行うべきだ」という意見、または安倍政権が行ったように「憲法の解釈変更で可能」という意見など、様々、ありました。そうした中、結局、安倍政権は憲法改正なしで安保法制を成し遂げました。安保法制の成立について、どのように評価していますか？

阿比留　「憲法改正から行うべきだ」というのは筋論ですが、それを訴えている人は、だいたい憲法改正に反対していますよね。

櫻井　本当に不思議なことです。

阿比留　実際、憲法を改正するのは、まだまだハードルが高くて簡単ではない。「憲法改正から行うべきだ」と訴えている人は、それを承知の上で言っています。しかし、中国の軍拡をはじめとする緊迫した世界情勢は我々の目の前にある現実ですから、安保法制は、それに対応するために必要なものだと理解しています。

櫻井よしこ

花田　日本国憲法は硬性憲法ですから、安倍総理がいくら頑張ったとしても、憲法改正、特に九条の改正には時間がかかります。だから限定的とはいえ、とりあえず、そもそもすべての国が持つ自然権である集団的自衛権だけは行使できるようにした。これは正しいやり方だったと思います。

櫻井　私も同感です。「憲法改正からやるべきだ」との主張は、事実上、憲法改正や安保法制に反対するためでしょう。しかし政治は現実を見ないといけません。現実を見れば、今回安倍内閣が採った方法しかなかったと考えます。

阿比留　「憲法解釈を変えるのはおかしい」という声も多かったですね。

花田紀凱、阿比留瑠比

しかし、憲法解釈はいままで何度も変えています。そもそも吉田茂総理（当時）は一九四六年六月の衆院本会議で、「国家正当防衛権による戦争は正当なりとせらるるようであるが、私はかくのごときを認むることが有害であると思う。ご意見のごときは有害無益の議論と考える」と明言しています。つまり、自衛戦争は憲法で認められていないというのが当時の政府の解釈でした。

しかし、いまは自衛戦争は認められるという解釈をしていますから、一九四六年のときからすでに一八〇度、解釈がひっくり返っている。ですから今回、安保法制が成立したとはいっても、せいぜい、角度にたとえれば二度か、三度、変わった程度の話で、それほど

阿比留瑠比

大騒ぎするものではないですよね。

ちなみに、先の吉田総理の答弁は、「侵略された国が自国を守るための戦争は正しい戦争」と主張する共産党の野坂参三氏に対して行われました。野坂氏は同年八月、政府提出の「帝国憲法改正案」に対して各党が最終態度表明を行った衆院本会議で、憲法九条についてこう反対の論陣を張っています。

「(国際的に不安定な状態にある)現在の日本にとってこれは一個の空文にすぎない。わが国の自衛権を放棄して民族の独立を危うくする危険がある」

共産党もまた一八〇度ひっくり返っている。

櫻井 国際情勢が変わるのですから、日本国

花田紀凱

の憲法解釈が変わるのも自然なことです。変えないと、国の生き残りにも困難が生じてきます。

花田　憲法改正が難しいから、日本は戦後ずっと解釈改憲で対応してきました。当然、解釈はそのときどきの現実によって違います。それを批判するのはおかしいですね。

政府・自民党の説明不足

櫻井　それにしても、なぜいま安保法制が必要なのか、政府は国民にもっとわかりやすく説明できたのではないでしょうか？　安倍総理がお一人で頑張っていた印象を受けました。

阿比留　安倍さんがはじめて国会で集団的自

衛権の必要性を訴えたのは一九九九年で、まだ若手議員だった頃です。自民党の現職の議員も、集団的自衛権が必要だとわかってはいますが、その喫緊性や重要性について、安倍総理ほどしっかりと考えている人は少なかった。もし総理が安倍さんでなかったら、このタイミングで安保法制が審議されることはなかったし、法案自体がつくられていなかったでしょう。

二〇一二年の自民党総裁選では、五人の候補が立ちました。その際、候補者全員が集団的自衛権は必要だと主張していましたが、頭でそう考えているだけの人と、それを実行に移す人では天と地の差があります。やはり総理が安倍さんだったから成立したのだし、それがお一人で頑張ったような印象を与えたのでしょう。

櫻井　国会で答弁するのも、テレビなどのメディアに出て説明するのも安倍総理だけではないかという印象は強く持ちました。自民党には他に論客はいないのでしょうか。

阿比留　自民党という党は、近年になって少しはまとまってきましたが、もともとはノンポリ議員の集まりでした。地方議員が「安保法案を取り下げろ」と官邸に申し入れに来ることはいまでもあります。

櫻井　花田さんも安倍総理が孤軍奮闘したと実感していませんか。他の自民党の議員も一致団結するべきだった、という思いを抱きませんでしたか？

花田　委員会を見ていても本当に歯がゆかった。民主党（一六年三月から民進党）の議員も、揚げ足取りのような質問ばかりして、国の安全保障についての議論には至りませんでした。野党からの質問に答弁していると、ときには安倍総理と中谷元《げん》防衛大臣の答弁が食い違ってしまうこともある。すると野党はその些細な食い違いを突いて、議論はますます泥沼にはまってしまいましたね。

阿比留　自民党の足並みが揃っていなかったのも一つの原因ですが、もっとはっきり言えば、石破茂さんが駄々をこねずに安保法制担当相を引き受けていれば、これほど混乱しなかったはずです。

櫻井　なるほど。石破さんが悪い、と。

阿比留　石破さんはものすごく弁が立つし、民主党の議員は石破さんに対して苦手意識がありますから、国会の様相はがらりと違っていたでしょうね。

櫻井　なぜ石破さんは引き受けなかったのですか？

阿比留　安保法制担当相に就任することは自分にとって有益なのか、不利益なのか、と考えているうちに、わけがわからなくなったのかもしれません（笑）。

櫻井　安保には詳しいけれど、政局の読みについては詳しくない。

阿比留　ええ、あまり。「兵器オタク」とは言われていますが。

櫻井　加えて、いまの日本にはどう考えても安保法制が必要で、日本が他の民主主義国と同じ姿に近づくことが日本の国益だという気持ちは湧かなかったのでしょうか。そのために自分の力を活用できれば男子の本懐だというような気持ちを持ってほしいですね。

自衛隊法を読んでなければわからない

花田　「安保法制はよくわからない」という意見が多かったのは事実です。

阿比留　それは無理もなかったと思います。というのは、現在の自衛隊法で、自衛隊は何ができて何ができないのか、それすらわかっていない人ばかりだからです。それがわからなければ、今回の安保法制は当たり前ですがわかりません。

そういう人が、集団的自衛権に脅えて、「戦争ができる国になる」と勘違いしていました。野党議員の国会質問でも、その手の質問が多かったですよね。

まずは自衛隊法を読んで、それから審議に参画しなければ、安保法制の議論などできません。

櫻井　実は私も最初はよくわかりませんでした。いま阿比留さんが指摘された通り、自衛隊法をかなりしっかり読み、憲法と重ね合わせれば、自衛隊は何ができて何ができないのかがよくわかります。それを把握したときに、今回の安保法制の全体像をようやく捉えることができました。

理解するには具体的な事例で考えたほうがいい。たとえばＰＫＯ（国連平和維持活動）で自衛隊が国外に派遣されたとします。自衛隊の陣地の隣には国連の事務所があり、仮にテロリストの攻撃を受けたとする。その場合、自衛隊は自分たちの身を守ることはできても、隣の事務所にいる国連の職員はもちろん、事務所内に日本人がいたとしても、いままでは何もできなかったのです。国連事務所にいる人たちが攻撃されるのを、ただ見ているしか術はありません。しかし、もしそのようなことが実際に起きたら、日本は世界中から非難されるでしょう。

今回の安保法制によって、自衛隊は「駆けつけ警護」で、民間人を守ることができるようになりました。このように具体的な話をすればわかりやすいのですが、難しい法律の話ばかりする人もいましたね。

花田　佐藤正久さんなどは、具体例を挙げてきちんと説明していました。でも、反対する連中は聞く耳を持たなかった。野党の議員たちも勉強不足が目立った。朝日新聞などに煽られて、すぐにでも戦争になるようなことを言う。

阿比留　国会審議の前半では、与党の質問時間を削り、野党に多く割り振りました。国会対策として譲ったのです。

櫻井　その国会対策はおかしくないですか？　なぜそこまでする必要があったのか。私は逆に、そこに自民党の思い違いを感じとりました。野党に時間を譲るのは、野党にとってはよいことかもしれませんが、自民党を支持した有権者に対しては、党としてきちんと主張したり説明したりする責任がありますね。

阿比留　できるだけ円満に、「強行採決」と言われないように、進めたかったのでしょう。もちろん、その思惑は理解できるのですが、そのために、安保法制を整備することで自衛隊は何ができるようになるのかという議論がなかなかなされなかった。安保法制は憲法違反かどうか、に論点が集中してしまいました。

「自衛隊は違憲」学者への愚問

櫻井　安保法制に関する論議が、違憲か合憲かという論点に集中した。これは、国会の憲法審査会での自民党推薦の参考人、長谷部恭男《やすお》・早稲田大学教授の発言によるところが大きいですね。長谷部教授が、「憲法違反だ。従来の政府見解の基本的な論理の枠内では説明がつかない」と発言したことがきっかけでした。

このとき、潮目がぐっと変わりました。

自民党からすると一気に不利な状況になりました。この一年間の安保関連の議論が文字どおり吹き飛ばされて、一年間時間が戻ってしまいました。もし民間企業だったら、間違いなく責任問題に発展したと思いますが、なぜ自民党は、憲法改正推進本部長の船田元《はじめ》さんの責任を問わなかったのですか。

阿比留　それは憲法審査会で民主党の議員が、「船田さんが自民党のトップでなければ一切、話し合いに応じない」「船田さんをクビにしたら出席しない」というようなことを盛んに言っていたからです。リベラルな考えを持つ船田さんが相手ならやりやすい、と民主党は考えていたということですね。

ただ、長谷部さんは月に一度くらい、朝日新聞紙上で対談を行っていて、そこではおかしなことばかり言っていた。だから長谷部さんがどのような人物なのか、最初からわかりきった話でした。にもかかわらず、なぜ長谷部さんを招致したのか。やはり船田さんは駄目だなと感じました。

櫻井　不勉強なのかしら？

花田　そうでしょうね。やっと政界失楽園から復活したのに（笑）。あの一件で彼の政治生命は終わったようなもんです。

阿比留　参考人として出席した三人の憲法学者が全員「違憲」と言ったことについて、野党は鬼の首を取ったように騒いでいましたが、これもおかしな話です。

たとえば、朝日新聞が二〇一五年七月一一日に紙面に掲載した憲法学者ら、二〇九名に対するアンケート結果があります。

〈「違憲」104人「合憲」2人　安保法案アンケート　憲法学者ら122人回答〉という見出しで、六月末に行われたアンケートの回答を報じました。朝日のウェブサイトでは回答があった一二二名の調査結果を見ることができます。

しかし、このときにアンケートにあった質問事項の中で、なぜか紙面には掲載せず、ウェブサイトのみに出した次のような回答結果がありました。

まず、「現在の自衛隊の存在は憲法違反にあたると考えますか」という問いに対して、「憲法違反にあたる」「憲法違反の可能性がある」と答えた人は七七人。「憲法違反にはあたらない可能性がある」「憲法違反にはあたらない」と答えた人は四一人でした。

自衛隊が「違憲」と答えた七七人すべてが憲法学者ではないでしょうが、それでも憲法学者の大半は自衛隊の存在を認めていないと推察できます。そんな憲法学者に、「集団的自衛権の行使を認めますか」と質問して、彼らが「はい」と答えるわけがない。こんな愚問はないですよ。

花田　自衛隊を憲法違反だとしている憲法学者が多いという時点で、現実とも国民感覚とも、憲法学者はズレているのだということがわかりますね。

「我々は字面に拘泥するのが仕事」

阿比留　同志社大学の村田晃嗣《こうじ》学長（当時）は、二〇一五年七月の衆院平和安全法制特別委員会の中央公聴会に出席した際に、次のように述べられました。

〈法案は憲法上の問題を含んでいるが、同時に安全保障上の問題だ。もし安全保障の専門家からなる学界で意見を問われれば、多くの安全保障専門家は今回の法案にかなり肯定的な回答をするのではないか〉（産経新聞二〇一五年七月一三日）

私もその通りだと思います。

また、徳島文理大学大学院教授の八幡和郎さんが、著書『誤解だらけの平和国家・日本』（イースト・プレス）の中で、憲法学者について、こう書かれています。

〈憲法学者がなんでも憲法違反にしたがるのは職業的利益のためです。彼らはいろいろな難癖をつけて憲法違反といわないと商売にならない人たちです〉

まだまだ国民に浸透していないかもしれませんが、今回の一連の騒ぎの中で、「なんだ、憲法学者とはこんなものか」と感じた人もいるはずです。

考えてみれば当たり前の話で、私の学生時代、経済学はマルクス経済学に心酔した、いわゆる「マル経」の先生ばかりでした。私はそのような先生から教えられたわけではありませんが、それが学界の主流だったのです。しかし、学界の主流が正しいかといえば、そうではない。「マル経」を学べば、必ず経営者として成功するわけではありません。それはまったく別の話ですよね。

櫻井　その例はわかりやすいですね。マルクス経済学を学んでも、繁栄する国がつくれるわけではありません。ソ連は崩壊しましたしね。
　憲法学者の話でいつも思い出すのは、小林節《せつ》さん（慶応大学名誉教授）の言葉です。彼は国会で、「安保法制は違憲」と述べた三人の学者のうちの一人ですが、また別の日の国会ではこう述べました。
〈我々は、逆に言えば、利害を超えた世界の、坊主みたいなものでありまして、大学というところで伸び伸びと育ててもらっている人間ですから、利害は知りません。ただ条文の客観的意味はこうなんですという神学論争を言い伝える立場にいるわけです。（中略）
　そういう意味で、我々は字面に拘泥するのが仕事でありまして、それが現実の政治家の必要とぶつかったら、それはそちらで調整なさってください。我々に決定権があるなんてさらさら思ってもいません。問われたから、我々の流儀でお答えしたまでのことでございます〉（「衆議院特別委員会議事録」二〇一五年六月二二日）
花田　櫻田淳さん（東洋学園大学教授）がおっしゃっていますが、憲法学者はそれが法律にかなっているか否かで判断すればいい。しかし、政治家はそれが必要かどうかで判断すべきだ。これに尽きますよ。

櫻井　私は最初にこの話を聞いたときは、なんて無責任なのだろうと思ったのですが、よく考えてみたら正しい意見です。だから憲法学者が参考人として国会などの場で「憲法違反」と言っていても、それに振り回される必要はないのだと実感しました。「神学論争」と言っている人に、国家の命運を委ねるわけにはいきませんからね。

阿比留　イエス・キリストのこの言葉を思い出します。

「偽善な律法学者、パリサイ人たちよ。あなたがたは、わざわいである」

ユダヤ教の律法を厳格に解釈し、やがては律法そのものより自分たちの解釈を重んじる本末転倒を演じたパリサイ人を、イエスは強く批判している。彼らが自分勝手な律法解釈と神学大系を築き上げ、権力と権威でそれを民衆に強いる危険性をイエスは説きました。

私にはこれがいまの憲法学者に見えてなりません。全員とは言いませんが、憲法学者の多くはパリサイ人だと思っています。

なぜ当初「中国の脅威」に触れなかったか

櫻井　安保法制の国会審議を聞いていて、安倍総理及び政府の姿勢に大きな疑問を抱きました。安倍総理は衆議院の委員会で「北朝鮮の脅威」には触れましたが、「中国の脅威」について触れなかった。これはなぜなのか。

中国は東シナ海の日中中間線のすぐ近くに、ガス田開発のプラットホームを一二カ所も建設しています。以前に四カ所つくっていますから、全部合わせると一六カ所にもなります。

これらの施設は軍事的な転用が可能で、同じ海には尖閣諸島もあります。中国は「尖閣を奪う」という戦略から「東シナ海全体を奪う」という戦略にシフトしていることが見てとれます。だからこそ、ガス田開発だけでは使い切れないような大きなプラットホームをたくさんつくっているわけです。

南シナ海はさらに深刻な状況で、ほとんど中国の海になりかけています。それなのに、なぜ安倍総理は「中国の脅威」を国民に訴えなかったのでしょうか。

阿比留　私も正確なことはわかりませんが、二〇一五年はじめの時点で「中国の脅威」に触れなかったのは、四月にバンドン会議（アジア・アフリカ会議）や米議会演説を控えていたためではないでしょうか。安倍総理としては、日中問題に言及するのは抑えておこう、という思惑があったのかもしれません。ただ、夏以降は中国の名前を出すようになりました。

花田　櫻井さんが二〇一五年七月六日、産経新聞の連載で、〈中国、東シナ海ガス田開発を急加速　机上の空論続ける政治家は猛省せよ〉とお書きになった。「東シナ海の日中中間線にぴったり沿って、中国がガス田を開発し、プラットホーム建設を急拡大している」ことをスクープされたわけですが、その後、安倍総理も少しずつ中国についての言及をはじめました。

ぼくが二〇一五年六月に安倍さんにインタビューをしたときも、具体的な脅威として「中国」の名前を挙げました。だからその言葉をそのままにして、チェックのためにゲラを出した。当然、ゲラチェックの段階で修正が入るだろう、中国は消されるだろうと予測していたのですが、修正は入りませんでした。そのときぼくは、安倍総理は覚悟を決めたな、と感じましたね。

櫻井　国際社会には中国とロシアの脅威に対する強い警戒感があります。二〇一五年一〇月七日のウォール・ストリート・ジャーナルでは、アメリカのシンクタンク「アメリカン・エンタープライズ公共政策研究所（AEI）」のマイケル・オースリン日本研究部長が警告していました。

いま、ロシアはシリアで空爆をして「イスラム国を倒す」と言っていますが、実はアサド大統領を助けるために、意図的に反アサド勢力を攻撃していると、オースリン氏は指摘しています。ロシアは中東でオバマ政権の無策ぶりを確かめながら力を伸ばしている。中国も同様で、南シナ海や東シナ海で軍事力にまかせて他国の領土と海を奪い続け、南シナ海全体の軍事化を進めている。これに対して、アメリカが立ち上がらなければ世界情勢は悪い方向にエスカレーションしてしまう。そうなればアメリカは永久に受け身の国際政治をしなければならず、そうした事態を阻止するには、対ロシア戦術として東欧に配備する米軍を増やし、中国に対してはもっと強く主張せよと言っています。そうしなければ、アメリカの足下は揺らぎ、西側陣営は危うくなる、との警告です。

「中国の脅威」は歴然としているのです。今回の安保法制に関する審議の過程で、それを国民に知らせることができればよかったのにと、つくづく思います。

花田　まだまだ国民は、深刻な現状を理解していないようですからね。朝日新聞や東京新聞は意図的にその点を避けています。

内閣法制局長官の答弁を禁じた民主党

櫻井　野党議員は安保法制について、「戦争法案」や「徴兵制」といった刺激的なスローガンを用いて批判を続けました。平和安全法制の成立後も同じですね。

政治家は「選良」と言われます。「選ばれた優れた人々」という意味ですね。でも、今回の審議における野党議員を見ていて、本当に恥ずかしい気持ちになりました。

失礼ながら共産党や社民党は論外として、問題は民主党です。なぜ、民主党を厳しく批判しなければならないか。彼らは一度、仮にも政権を担った人たちです。政権を担う、つまり日本国と国民を引き受ける重みをわかっているはずです。自分たちが与党だったときは「集団的自衛権の行使は必要だ」と理解を示していたにもかかわらず、下野した途端に「集団的自衛権の行使には反対だ」と言いはじめました。これは無責任極まります。

阿比留　結局は世論を見ながら日和見して、いまは反対したほうがよさそうだと判断した。ただそれだけで、民主党には信念など何もないのでしょう。

岡田・枝野路線は、明らかに失敗しています。なぜなら国会であれだけ安倍政権を叩く場を得て、あれだけメディアに露出したにもかかわらず、政党の支持率は一〇％

あるかないかの状態が続いているからです。これでは次の選挙も勝てるわけがありません。

二〇〇九年に民主党政権が誕生する前は、民主党の支持率がジワジワと上がっていました。しかし、いまはそのような現象が見られません。

また、安倍政権の支持率は一時よりは下がったとはいっても、すでに底止まりした。この構図はそう簡単には変わらないでしょう。当然、総理もそれを踏まえた上で、今後も粛々と、淡々とやっていくつもりでしょうね。

櫻井　国益という言葉を使わなくても、有権者はどの党がどれだけ国益を考えているか、きちんと見ているのでしょう。

阿比留　民主党は安保法制に反対する理由として「立憲主義に反する」という理由を挙げていました。「立憲主義」という言葉は二〇一五年の隠れた流行語だと思うのですが、彼らは、やたらとこの言葉を使っていましたね。

また、「一内閣が憲法解釈を変えていいはずがない」とも盛んに主張していました。しかし、民主党政権だったときのことを思い出してほしいのですが、彼らは内閣法制局長官の国会答弁すら禁じて、法令解釈大臣を設置し、一大臣が憲法解釈を司っていました。
仙谷由人さんは、「憲法解釈は政治性を帯びざるを得ない。その時点で内閣が責任を持った憲法解釈を国民、国会に提示するのが最も妥当な道だ」とはっきり言っていました。彼らは過去の自分と矛盾していることを恥としません。

櫻井 そういえば菅直人さんは、「議会制民主主義というのは期限を切ったあるレベルの独裁を認めることだ。四年間なら四年間は一応任せると」と、言っていましたね。

阿比留 それは菅さんの昔からの持論で、副総理だったときにも国会答弁で同じことを言いました。

花田 ぼくが一つ指摘しておきたいのは、反対する人たちが、内閣法制局長官の発言にやたらと重きを置くのはおかしい、ということです。内閣法制局長官は、本来は単なる政府のアドバイザーです。「こう解釈できますよ」「それはできません」というアドバイスをするだけの人で、実際に決めるのは政府です。それなのに「歴代法制局長官が反対している」と政府を批判する人がやたらと多かった。それはおかしいでしょう。元法制局長官たちも出しゃばりすぎ。

岡田代表の考え方こそ危険

櫻井　安保法制に反対する野党の理屈はものすごく恣意的でした。

　民主党の岡田克也代表から私は、発言の撤回と謝罪を求められたのですが、それは私がＮＨＫの番組に出演したときの「岡田克也代表が外相時に集団的自衛権は必要と述べていた」という発言についてです。岡田さんは、「『集団的自衛権は必要』とは一言も述べていない」というわけです。

　産経新聞にも書いたのですが、岡田さんの発言は民主党が野党だったときの幹事長としての発言で、これは私が訂正しました。しかし、肝心の点について、岡田さんは二〇〇三年五月三日の読売新聞で、こう語っています。

〈日本を防衛するために活動している米軍が攻撃された場合、日本に対する行為と見なし、日本が反撃する余地を残すのは十分合理性がある〉

　これは集団的自衛権の第一歩です。

　さらに、こうも述べています。

〈今の憲法は、すべての集団的自衛権の行使を認めていないとは言い切っておらず、

集団的自衛権の中身を具体的に考えることで十分整合性を持って説明できる〉

つまり、いまの憲法でも集団的自衛権は認められている、と訴えているわけでしょう。

それからその二年後、岡田さんは『中央公論』二〇〇五年七月号で、読売新聞編集委員の橋本五郎氏の取材を受けて次のように語っています。

〈もちろん、日本の利害に直接関わるような地域で、同盟国である米国が攻撃を受けた際、日本が傍観していていいのか、という問題意識はある〉

傍観していてはいけない、助けなさい、と言っているわけで、岡田さんが集団的自衛権は必要と述べていた、という私の発言は間違っていないはずです。

ただ、その後の彼は、集団的自衛権とは呼ばずに、個別的自衛権の範囲を拡張するのがいいと主張しています。でもこれはおかしな話です。

阿比留　おかしいですね。個別的自衛権を広げることのほうが、よほど危険です。なんでも「自衛戦争だ」と言って戦争を仕掛けられる国になるということですから。「集団的自衛権」という言葉を使わなければいい、という岡田さんの考え方は、ごまかしであると同時に、ものすごく危険です。

花田　集団的自衛権というのは、相手の国もあるわけだから、すべてを一国で判断することはできません。だからある意味ではセーブされる。

阿比留　個別的自衛権の範囲を広げていけば、それこそ民主党議員が言っていたような「徴兵制」が必要になるかもしれない。しかし集団的自衛権は、他国と分担しようというものだから、「徴兵制」になるわけがない。こういうことも言えますね。

「徴兵制」デマは六〇年安保と同じ

櫻井　安保法制に反対する人たちは、どういう論理で「徴兵制」や「戦争法案」と主張しているのか。その理由はわかりましたか？

花田　共産党による単なるレッテル貼りが大本《おおもと》でしょう。共産党にも論理があるのでしょうが、共産主義の論理ですからね。

そもそも日本は戦争なんてできるわけがない。大国の中で攻撃的兵器を持っていないのは日本くらいです。攻撃型空母もない、弾道ミサイルもない、長距離爆撃機もない、日本には何もありません。他国を攻撃なんてできませんよ。

阿比留　日本に攻撃的兵器がまともにないということすら、多くの国民は知らないのではないでしょうか。
徴兵制について言うと、六〇年安保のときの国会で、岸信介総理（当時）は「反対の人々は、（中略）軍備拡張によって徴兵制度が敷かれる恐れがあるとか、いろいろのことを国民の間に流布宣伝している」（「参院日米安全保障条約等特別委員会」一九六〇年六月二日）と答弁しています。いまと同じ状況ですね。
徴兵制なんてあり得ないし、そもそも合理性がない。素人に毛が生えた程度の兵隊さんを募って給料を払い、装備を支給して、訓練をするおカネがどこにあるのか。どこで使う気なのか。また、もし政府が徴兵制を採ったら国民にどれだけ嫌われるか。どう考えても理屈が合わないわけです。

花田　徴兵して三年や四年くらい訓練したところで、その程度では近代兵器は扱えません。自衛隊の幹部も「徴兵制は駄目です」と言っています。要するに徴兵で人を集めても役に立たないということです。いまの戦争は、昔のように背嚢《はいのう》を背負って行軍していくものではありません。

阿比留　いまの戦争は電子戦なのに、どうも昔の肉弾戦をイメージしている人が多いようです（笑）。

櫻井　世界の潮流も徴兵制廃止の方向に向かっています。

花田　アメリカもイギリスも集団的自衛権を認めていますが、徴兵制は採用していません。

阿比留　逆に集団的自衛権を認めていないスイスでは、国民皆兵制度を採っています。

櫻井　ですから、「あなたの子供が徴兵される」と言うこと自体が、国民を愚弄しています。

中国ですら、二三〇万人もの兵士は不要だということで、三〇万人削減することを決めました。三〇万人を削減しても、中国にはまだ二〇〇万人もの兵士がいますので、削減の心は、その分の予算で装備の近代化を図ろうということでしょう。

花田　陸軍を減らして、空軍、海軍に予算を回すということでしょうから、日本にとってはより脅威が増します。

阿比留　安保法制に関する議論の中では、「アメリカの戦争に巻き込まれる」という声もたくさんありました。これも六〇年安保のときと酷似しています。岸総理は国会でこう答弁していました。

「こういう条約ができれば戦争に巻き込まれるとか、戦争の危険があるとか、というような反対論が、一体どこから出るか理解に苦しむ」（「参院日米安全保障条約等特別委員会」一九六〇年六月八日）

残念ながら、野党は五五年前からまったく進歩していません。

「PKO反対」から豹変した野党と朝日

櫻井　六〇年安保のときは、国会前のデモに多くの人が集まりました。しかし岸さんは、「（デモの）参加者は限られている。野球場や映画館は満員で、銀座通りもいつもと変わりがない」と述べました。ちなみにデモに参加した人数は警視庁の発表で一三万人、主催者の発表で三三万人でした。阿比留さんが指摘されたように、当時のデモでもやはり、「米ソの戦争に巻き込まれる」というスローガンが飛び交いました。そして、岸総理は安保改定を成し遂げて辞任した。その後、反対運動は急激にしぼみました。

ＰＫＯのときも、「憲法違反のＰＫＯ協力法で紛争地に送られてたまるか」と野党が大反対しましたね。

ＰＫＯには、そもそも次のような経緯があります。一九九〇年に勃発した湾岸戦争で、日本は多国籍軍におカネだけ払いました。一三〇億ドル、当時のレートで約一兆七〇〇〇億円という大金を払ったのに、世界からはまったく評価されず、逆に日本はカネだけかと批判を浴びた。だから日本はその反省を踏まえて、今度は人を派遣して国際貢献しようという話になり、自衛隊を派遣することにしたわけです。

当時も「憲法違反だ」という声がありましたが、このときはなんと小沢一郎さんが自民、公明、民社の三党を取りまとめて、ＰＫＯ法案を通しました。いま、小沢さんはまったく反対の立場にいますが、あのときはＰＫＯ成立の立役者でした。ＰＫＯ法案のときは、社会党や共産党の議員による牛歩戦術によって、本会議で採決する際に十数時間もかかったりしました。こう振り返ってみると、野党は本当、全然進歩していませんね……。

阿比留　ＰＫＯの話が出たので指摘しておきたいのですが、当時、菅直人さんは衆議院本会議場の壇上にしがみついて、衛視に引き摺り下ろされるまで反対演説を続けました。彼がそのときに言っていたのは、「ＰＫＯと自衛隊という存在を結びつけることは、憲法上の制約を含めて困難」だということです。

しかし、後に自身が総理になると、防衛大学校の卒業式の訓示で、「諸君が培った技能をぜひこうした（ＰＫＯなどの）活動で発揮してください。それが日本の国益につながる」と話したのです。彼は恥知らずだからいいですが、豹変していることについて何の総括もしていないのでしょう。

櫻井　自衛隊が国外に出て行くことに対して、当時、強い反対論があったわけですが、いま世界のＰＫＯ部隊の中でも、自衛隊はとても高い評価を受けています。そのことについて、野党を含め、反対していた人はどう考えているのか。

阿比留　メディアも同じです。たとえば朝日新聞はＰＫＯが成立する直前には、「ＰＫＯ法は事実上の解釈改憲だ」「憲法の平和主義路線の根本的な転換だ」といった趣旨の記事を書いていました。しかし、彼らは徐々にＰＫＯに賛成するよう変わっていったのです。

花田　恥ずかしくないのでしょうか。そしてまた同じことを繰り返している。産経新聞は別としても、メディアも野党も本当に何も変わっていない。

（二〇一五年一〇月一六日放送）

第2章

メディアにつくられた「民意」

櫻井よしこ×阿比留瑠比×花田紀凱

二〇代男性の七割がデモに共感しない

櫻井　今回、安保法制に反対する若者が国会前でデモを行いました。そのことは、ある意味では彼らに問題意識があることの証明であり、何も考えていない若者よりはずっといいと私は思います。そしてメディアに注目されて、「ＳＥＡＬＤｓ（シールズ）」の奥田愛基さんはスターになりました。しかし、現場に行くとわかるのですが、報道されたデモの姿は本当の姿ではありませんでした。

あのデモで表された民意、その実態については、どのように感じていますか？

阿比留　新聞でもテレビでも、「若者がついに声を上げた」という報道が多かった。

花田　そうですね。テレビでは、「ＳＥＡＬＤｓ」のメンバーなど、若い参加者を切り取って映していました。しかし、実際にはその周りは年寄りばかりで、七〇年安保反対の活動をしていた老人とか組合員や活動家なども多かった。そういった人は映さず、若者が立ち上がったというような印象を与える報道をしたわけです。

奥田愛基さんはカメラマンに、「もっとかっこよく撮ってくれ」などと言っていたともいう（笑）。

櫻井　実は私も何度かデモを見に行きましたが、テレビカメラが撮影しているところ

櫻井よしこ

には若者がいて、ラップを歌っていました。でも周りを見るとおじさんたちが目につきました。

花田　「ＳＥＡＬＤｓ」の正規メンバーは、関東で一六〇人、関西で一〇〇人程度だといいます。もちろん、正規のメンバー以外の若者も少しは来ていたのでしょうが、それでも人数は高が知れていますから。ぼくも何回か国会前のデモの様子を見に行きましたが、午前〇時、終電の時間になるとさっとみんな帰ってしまう。

阿比留　産経新聞とＦＮＮが二〇一五（平成二七）年九月一九日と二〇日に合同世論調査を行った結果、実は若者はデモに熱心ではなかったということが明らかになりました。

花田紀凱、阿比留瑠比

櫻井　法案が通った直後の調査ですね。

阿比留　そうですね。産経新聞の紙面には載らなかったのですが、その合同世論調査には次のような質問もありました。

〈あなたは、こうした集会やデモに、共感しますか、共感しませんか〉

この質問に対する答えを世代別に見ると、「共感しない」と回答したのは二〇代男性が最も多く、実に七四・六％にも上りました。

では、逆にどの世代が最も共感しているかというと、六〇代男性でした。四八・六％もの人が「共感する」と答えたのです。

櫻井　その人たちは七〇年安保世代でしょうか。

阿比留　当時を懐かしんでいるのでしょう。

結局、デモに共感した二〇代男性は、二三・八％なのに対して、六〇代男性は四八・六％。

同じ事象に関して、世代によってこれだけ評価が分かれ、若者が否定するという現象は滅多にありません。デモに熱狂していた若者はごくわずかで、大半の若者は冷めた目で見ていたということがはっきりしたわけですね。やはり、七〇年安保の世代の人が、昔のことを思い出しながら盛り上がっていたのではないでしょうか。

花田　数字で出てくると、非常にわかりやすいですね。

なぜ主催者発表の参加人数を垂れ流すか

阿比留　デモは、一五年八月三〇日が最も大きな規模で、主催者は一二万人集まったと発表しました。しかし、産経新聞が航空写真を元に試算したら、参加者は約三万二〇〇〇人程度でした。警察当局の発表では約三万三〇〇〇人でしたから、ほぼ同じ人数ですね。

しかし、問題は参加者の内訳です。政府高官、それもこれ以上信頼の置ける人はいないというような高官から聞いた話では、三万数千人のうち約一万七〇〇〇人は共産党系の動員で、約一万人は社民党系の動員だったそうです。

櫻井　合わせて二万七〇〇〇人ですか。

阿比留　普通の参加者は五〇〇〇人程度しかいなかった。

これはうがちすぎた見方なのかもしれませんが、私はその話を聞いたときに、共産党系や社民党系の動員力というのは、まだまだ強いのだなと感じました。話をしてくれた政府高官も、やはりあいつらは強い、という感想を述べていました。今後、憲法改正などさまざまな場面で、このような人たちが立ちはだかってくることでしょう。

花田　ぼくがいつも不思議に思うのは、主催者発表と警察発表の数字があまりにも食い違うという点です。今回も主催者発表では一一万人だったのに、警察発表では三万三〇〇〇人でしょう。新聞社もメディアも自分で調べろよ、と言いたくなります。

櫻井　数えなきゃいけない。

花田　今回の産経新聞のように、やる気があれば、数えられるわけでしょう。

二〇〇七年に同じようなことがありました。沖縄戦で日本軍が住民に「集団自決」を命令・強制したとする教科書の記述に検定意見がつき、削除されるということになった。それに反対する集会が沖縄で開催され、主催者発表では一一万人の人が参加したということだったわけです。しかし、警備会社のテイケイの高花豊会長が部下に指示をして、当日の集会の写真をマス目で区切って人数を数えさせたら、実際には参加者は二万人以下であるとわかった。

その気になればできるのです。新聞社だったらアルバイトを雇うか、あるいはボーッとしている記者もいるでしょうから（笑）、数えさせればいい。なぜそれをやらないのか、ぼくは不思議でなりません。

阿比留　面倒臭いからでしょう（笑）。

花田　確かに面倒臭いかもしれない。しかし、主催者発表と警察発表は大きく違うのだから、実際に数えるなりしてウラを取らないと、事実がわからないわけですよね。メディアが自らの役割を放棄している。

阿比留　つまり、主催者発表をそのまま紹介したほうが、記事としてインパクトがあると判断しているのでしょう。卑怯なやり方ですけどね。

花田　そうとしか考えられません。主催者発表のほうが必ず人数が多いですからね。だからこそ、許せません。

櫻井　少なくとも両方の数字を読者や視聴者に示してほしい。

憲法と民主主義に反した朝日と野党党首

櫻井　それにしても驚いたのは、国会議員がデモに参加していたことです。

花田　デモに野党の党首が出揃って、あの小沢一郎氏まで出て来て、安保法制に反対の声を上げていたのは情けなかった。国会議員なら議場で議論しろよ、と言いたくなりました。

櫻井　民主主義は数の理論だけではない、とは言いますが、やはり民主主義の基本は公正な選挙をして、きちんとした議員や政党を選んで一定の権力を与えることです。有権者は、彼らがその権力を正しく行使して、国の方針を決めていくように見ていなければならない。

しかし野党の党首や政治家が国会前のデモに参加してしまうようでは、それこそ民主主義に反するのではないでしょうか。まるで国会での議論を否定しているようです。

阿比留　民主主義にも反するし、憲法にも反します。私は、アメリカがつくった日本国憲法が嫌いですが、前文には〈日本国民は、正当に選挙された国会における代表者を通じて行動し〉と書いてあります。つまり、代議制民主主義の基本は国会であり、国会の中の議決である、ということが明々白々と謳われているのです。

しかし、二〇一五年七月一二日の朝日新聞「天声人語」は、次のように書きました。

〈哲学者の柄谷行人《からたにこうじん》さんは以前、3・11後の反原発デモに触れ、「人がデモをする社会」という文章を書いた。人々が主権者である社会は、選挙によってではなく、デモによってもたらされる、と。その流れは枯れることなく今に続く〉

要するに、朝日は憲法かわいさのあまりに、憲法否定に走ってしまったということですね（笑）。

櫻井 天下の朝日の代表的なコラム「天声人語」の矛盾に、彼らは一向に気がついていない。

阿比留 国会は自分たちの思うようにはいかないし、デモの盛り上がりも結局は……。

櫻井 スーッと消えました。

花田　安保関連法が成立した後に国会前に行っても、ぎんなんが転がっているくらいでした（笑）。

櫻井　国会前のデモは一つの教訓として、みんなで共有したほうがいいと考えています。先にも言いましたが、若者がデモに参加して意思表示をすることは大事です。今回も鮮烈な印象を与えてくれました。

しかし、議論はちっとも深まっていません。ラップで、「戦争反対」「今すぐ廃案」と叫び、それでエネルギーを発散できたとしても、なぜそこで終わってしまうのか。安保法制の意味を彼らのためにも、私たちのためにもよく考えるべきです。

安倍内閣はバカ発見器

阿比留　安保法制については、文化人や学者、あるいはタレントや漫才師など、様々な方が様々に発言をしていました。そういった発言に触れたときに、正体が見えたな、と感じたことがあった。私はときどき、「安倍内閣はバカ発見器」と言っているのですが、いままでまともを装ってきた有名人の正体が、今回、次々と明らかになりました。それがよいことなのか悪いことなのかはわかりませんが。

インターネットが普及したこともあり、地金が出やすい、そういう時代なのでしょうね。

櫻井 とりわけ腹に据えかねた文化人はいましたか？

阿比留 腹に据えかねたというほどではないのですが、これほど馬鹿だったのかと驚いた方がいました。実は私は坂本龍一さんの音楽が好きだったのですが、彼は国会前のデモの演説で、あのデモの意義として、マグナ・カルタ（イギリス立憲制の支柱とされる。大憲章）やフランス革命を引き合いに出したのです。これには呆れてしまいました。

櫻井 イギリスともフランスとも日本の国の成り立ちは違います。まったく違います。それなのにマグナ・カルタやフランス革命を現在の日本に当てはめる違和感を、現場にいた方は感じなかったのでしょうか？　ある種の高揚した雰囲気の中で、そういった話も受け入れてしまったのでしょうか。

阿比留 誰をギロチンにかけて、誰がロベスピエールになるつもりなのか。わけがわからないですよね（笑）。

花田 国民の権利や自由が十分に保障されている現在の日本で、フランス革命を引き合いに出す神経はある意味、すごい。状況に酔っている。デモしている若者が『インターナショナル』を歌っていたので、佐瀬昌盛さん（防衛大学校名誉教授）が「それは何の歌か知ってるか」と聞いたら、堂々とこう答えたというんです。「これは憲法改正に反対する歌です」（笑）。

櫻井　六〇年安保や七〇年安保のとき、デモに参加してゲバ棒を振るった人たちがいました。西部邁さんや田原総一朗さんがそうでした。私はあるとき田原さんに、なぜデモに行ったのですか、と訊いたことがあります。すると田原さんは、「旧安保と新安保の違いなんて自分はまったく知らなかった。条文なんて一文字も読まなかった」「戦争に巻き込まれると新聞が報じていたから大変だと思ってデモに行った」というお話でした。

花田　結局、新聞などの空気に煽られて、何もわかっていなかったのでしょう。

ではいまはどうか。奥田愛基さんのインタビュー記事を読んでも、たいしたことは言っていません。ラップで「戦争ハンタイ！」「安倍倒せ！」と叫んでいる連中は、ただ騒ぎたいだけ。六〇年、七〇年安保騒動のときの学生たちのほうがまだ覚悟があった。あのデモをきっかけに、彼らには日本の平和や安全についてもっと勉強してもらいたい。

そして、全体を見ると、安保法制が成立しても内閣の支持率はそれほど下がらなかった。そのような状況を見ると、野党のやり方や国会前のデモについて、一般の国民はそれほど賛同していなかったのではないか。むしろ、デモを冷ややかに見ていた国民のほうが多かったのではないか、ぼくはそう感じました。

阿比留　安倍内閣の支持率の推移を見ていると、歴代内閣とはかなり違う特徴があります。歴代内閣の場合は、支持派でも不支持派でもなく、「どちらでもない」と答える中間層が多かった。でも安倍内閣の場合はものすごく二極化しています。

櫻井　支持派と不支持派にはっきり二分されている。

阿比留　はい。この状況はしばらく固定化されるでしょうね。

櫻井　二極対立型の評価はなぜだと思いますか。

阿比留　安全保障や歴史認識は人を感情的にさせます。だから安倍総理の考えに賛同する人は支持するし、賛同しない人は徹底的に嫌う。それが二極化している理由ではないかと分析しています。

安保法制に反対したのは中韓だけ

櫻井　デモで終わってしまい、議論が深まらない理由は、問題の全体像を見せてやる人がいなかったことにあるのではないか。私はそう分析しています。

事柄の全体像を示すべき人は、まずは政治家です。次にメディアです。経験を積んでいて、国際社会もよく知る人たちが、安保法制の全体像を語ってみせなければなりません。

しかし、今回もそれができなかった。反対派は安保法制の必要性に耳を傾けることさえしなかった。国際社会の荒波を見たら、安保法案に反対することがどんなに危ないことかわかったはずですけれど。

花田　他国の反応を見ても、安保法制に否定的だったのは中国と韓国だけです。それ以外の国は評価していますからね。二〇一六年三月二一日、産経がトップで報じていました。五九カ国が支持を表明していると。ウズベキスタンのカリモフ大統領は「マイナスの要素は見当たらない。さも問題があるかのようにすべきではない。日本のビジョンを正しく理解すべきだ」と野党の姿勢に真っ向から反対している。

阿比留　そうですね。もし共産党や社民党が言うような「戦争法案」だったら、諸外国が諸手を挙げて賛成するわけがない。

櫻井　台湾の人は「中国の脅威」を実感しています。安保法制が成立したとき、私はたまたま台湾にいました。九月一九日の朝、現地でセミナーに出席したのです。会場には、中国とよい関係を保ちながら、しかし、台湾は台湾だとして、どうやって生き残ろうかと探っている人たちがいたのですが、日本の安保法制成立を知り、「本当によかった。おめでとう」と私に言いにきてくれた人が何人もいました。

その他にもマレーシアの首相やインドネシアの外務大臣など、各国要人のメッセージも会場で紹介されました。アジアの国々はみんな喜んでいましたよ。

阿比留　特にフィリピンは中国の脅威をもろに受けていますから、本音では「集団的自衛権をフィリピンにも適用してくれ」と言いたいくらいでしょう。

櫻井　ベトナムもそうです。ベトナムは本当に煮え湯を飲まされています。中国に島を奪われ、海を奪われ、自分たちの国がどんどん削り取られているわけですからね。

阿比留　ベトナムは中国に対して「戦争も辞さない」とまで言いました。それがいまの国際社会なのです。

あともう一つ指摘しておきたいのは、今回の安保法制は画期的ではありますが、中身はそれほどたいしたものではないということです。

花田　自衛隊のできることの範囲はそれほど広がっていない。幹部たちは嘆いてますよ。

阿比留　外務省の課長級の知人が二〇一五年の夏にヨーロッパを回り、各地で政府の要人やジャーナリストと意見交換をした際に、安保法案についても説明したそうです。すると多くの人から「よくわかりました。でもそんなに制限の多い法律をつくって何ができるのですか?」と訊かれた。それも当然で、新三要件を見ても、集団的自衛権など自衛権の行使についての縛りは半端なものではありません。新三要件は次の通りです。

〈・わが国に対する武力攻撃が発生したこと、またはわが国と密接な関係にある他国に対する武力攻撃が発生し、これによりわが国の存立が脅かされ、国民の生命、自由および幸福追求の権利が根底から覆される明白な危険があること
・これを排除し、わが国の存立を全うし、国民を守るために他に適当な手段がないこと
・必要最小限度の実力行使にとどまるべきこと〉（「防衛省・自衛隊」ＨＰより）

それなのに朝日新聞などは「大転換」だとか「戦後の歴史が変わる」と大袈裟に書いていました。

櫻井　安保法制の全体像を把握すれば、実は日本ができるようになることは本当に少しだけなのだ、と誰でも感じるでしょう。安保法制が成立したからといって、日本が大々的な戦闘行為をできるようになるわけではなく、逆にできないことがあまりにも多くあるため、それを危惧する専門家もいるほどです。その点について、伝える側にいる者として十分に伝えられていないという思いがあります。

有権者に怒りを向けはじめたメディア

花田　朝日新聞、ＴＢＳをはじめとする「安保法制反対」のメディアスクラムは本当にひどいものがありました。

櫻井　この法律の意義が理解されにくかった、国民に伝わりにくかった、議論が深まらなかった、その責任の八割はメディアにあると思います。

阿比留　まず、朝日新聞などの報道はヒステリックだと感じました。いまの状況が気に入らないのでしょう。政治や国民が自分たちの思うように動かないことに対して怒っているように感じます。

二〇一五年九月二〇日、朝日新聞の一面のコラムでは、特別編集委員の星浩さんがこう書いていました。

〈有権者にも問いたい。昨年12月の衆院選で、自民党が安保法制を整備することは、十分な分量ではなかったとはいえ、公約に掲げられていた。そこに選挙区で2546万人、比例区で1765万人が投票。47％が棄権した。小選挙区効果もあって、自民党は圧勝。安倍政権が存続し、安保法制の成立をもたらした。熟慮の末の投票・棄権だったのだろうか〉

また、毎日新聞も同様です。九月一九日の毎日新聞夕刊では、作家の高村薫さんが次のように述べています。

〈自民党の横暴な振る舞いを許すことになった原因は、安倍政権を支持する有権者が一定数いることだ。景気動向や適任者の不在が支持の理由だろうが、この有権者たちは、政治を自分のこととして考えたことがあるのだろうか。猛烈に腹が立つ〉

怒りのやりどころがなくなっているからなのか、矛先を有権者に向けはじめました。

櫻井　私が心配なのは、いまだに「安保法制は危険」と考えている国民がたくさんいるということです。メディアが煽った結果、国会前のデモに限らず、たとえば若いお母さんなどが心配していて、「自分の子供はどうなるのだろう」という懸念を拭い切れないでいる。この点に関しては、政府だけでなく、言論人である私たちもきちんと説明を続けていかなければなりませんね。

阿比留　確かに、産経新聞とＦＮＮの合同世論調査を見ても、デモに共感する人は男性より女性のほうが若干多かったですし、安倍内閣の女性からの支持率は総体的に低かった。それはやはり、子供たちのことを考えているからでしょう。

また、審議後半になって、急に女性週刊誌が反対の論陣を張った影響もあるでしょうね。

花田　女性誌は盛んに取り上げていました。女性週刊誌は二〇年前と比べたら四分の一以下、二〇万部そこそこですが、安保法制反対キャンペーンは結構売れたようですね。

櫻井　メディアというと新聞やテレビを頭に思い描いて忘れがちなのですが、女性誌の影響力も大きい。女性誌がなぜ反安保法制で盛り上がったのかについて、ある編集関係者の話が興味深かったです。それは、最初、小さなニュースとして安保法制を取り上げたら、反響があった。そこから安保法制批判の特集に発展したというのです。私は編集部が主導したのかと思っていましたが、むしろ、子育て世代の女性たち、比較的若い世代の女性たちの軍事嫌いの思いが、反安保法制で盛り上がった面があるということですね。その意味でもきちんとした説明が大事ですね。

花田　女性週刊誌は芸能人のスキャンダル中心の普段の誌面と違って、いきなり政治色を帯びていましたけど、「子供を戦場に送るな」とか「徴兵制になる」とか、主婦たちの感情に訴える記事が多かった。

朝日新聞は「劣化」した

櫻井　花田さんは六〇年安保やＰＫＯのときの報道と、今回の安保法制に関する報道を詳しく調べて比較しましたね。

花田　先日、朝日新聞と毎日新聞と産経新聞の二〇一五年五月以降のすべての社説、六〇年安保とＰＫＯのときの社説をピックアップして読んでみました。それで気がついたのですが、朝日は六〇年安保の頃のほうが、まだまともな主張をしていました。

たとえばデモについては、昭和三五（一九六〇）年五月二一日の社説は次のようなことを主張しています。

〈行き過ぎた荒々しい大衆行動によって、政治的事態を変更しようとするような行き方は、それ自体、民主主義の行き方ではない〉

〈首相官邸などに乱入して、一体、何の役に立とう。効果はむしろ逆であることを、十分に考えなければいけない〉

これが朝日の社説ですよ。

櫻井　デモをたしなめていますね。

花田　社会党についてもこう批判しています。

〈社会党もまた、議場での〝戦術〟のみが、関心事となってきた。その戦術にいわゆる〝実力〟を使った。この角度からみても、これは議会主義ではない〉（昭和三五年五月二一日）

意外にまともでしょう。でも、最近の朝日はデモを煽っているわけですから、ぼくは「劣化」と言っているのです。朝日新聞は「劣化」した。

櫻井　二〇一五年九月一五日以降の朝日の社説の見出しを見てみましょう。

一五日〈安保法案　民意無視の採決やめよ〉
一六日〈安保公聴会　国会は国民の声を聴け〉
一七日〈「違憲立法」採決へ　憲法を憲法でなくするのか〉
一八日〈安保法案、採決強行　日本の安全に資するのか〉
一九日〈安保法案と国会　熟議を妨げたのはだれか〉
二〇日〈安保法制と民主主義　新たな「始まり」の日に〉

力を入れて反対していますね。

花田　連日、休みなしで、ぶっ続けで反対したわけですからね（笑）。

二〇一五年五月に安保法案国会審議が始まってからの朝日をくまなく調べたところ、社説では三七本、「天声人語」では二五本も反安保法制の記事を書いています。ただ、「声」欄では安保法制に賛成する意見も掲載していました。「声」欄の意見は全部で五三本あったのですが、内訳は反対意見が四二本で、賛成意見が一一本。二〇一四年八月の「慰安婦報道」の記事取り消し問題以来、アリバイ的に朝日の論調とは違う意見も少しだけ載せるようになったのです。だから一一本の賛成意見が掲載されたわけですね。

それから短歌・俳句の投稿欄「朝日歌壇・俳壇」も反対の句や短歌ばかり掲載していました。

櫻井　「朝日歌壇・俳壇」には皮肉な内容の作品がたくさん掲載されていますね。

花田　二〇一五年八月六日の朝日新聞では、朝日俳壇選者の金子兜太《とうた》さんと歌壇選者の佐佐木幸綱《ゆきつな》さんが対談していて、金子さんはこう語っている。

〈この夏が正念場だ、という思いが投句者にあるわけです。私は、新聞俳壇はジャーナリズムだと捉えていますので、意識して選んでいます〉

〈いまの時代を非常に危険だと感じておられる。「こらいかん！」という思いを、そのままぶつけている印象です〉

そして掲載された俳句にも触れているのですが、〈憲法が散華してをる揚花火〉〈第三次世界大戦夕焼ける〉などで、つまりはこのような作品ばかり選ばれていたわけです。

ちなみに、デモでプラカードなどにしている「アベ政治を許さない」という文言は、この金子さんが揮毫《きごう》したらしい（笑）。北海道高等学校教職員組合連合会が、この金子さんが揮毫した文言を使ってクリアファイルをつくり、組合員、つまり教師に配布していたという問題もありましたね。

朝日新聞を読むと、全社を挙げて平和安全法制に反対しているということがよくわかります。本当に偏っている。

「朝日が反対すること」は正しい

阿比留　朝日新聞の社説はものすごくワンパターンだということも指摘したい。たとえば二〇〇六年九月に発足した第一次安倍政権は、改正教育基本法と防衛省設置法を通しました。そのとき朝日は社説〈教育と防衛「戦後」がまた変わった〉（二〇〇六年一二月一六日）で、こう書きました。

〈長く続いてきた戦後の体制が変わる〉

〈日本が次第に軍事を優先する国に変わっていくのではないか〉

そして、第二次安倍政権が二〇一三年に特定秘密保護法を通した際は、社説〈秘密保護法成立　憲法を骨抜きにする愚挙〉（二〇一三年一二月七日）で、こう書いている。

〈憲法の根幹である国民主権と三権分立を揺るがす事態だと言わざるをえない〉

二〇一四年に集団的自衛権行使容認の閣議決定をした際は、社説〈集団的自衛権の

容認　この暴挙を超えて〉（二〇一四年七月二日）で、次のように言っています。〈戦後日本が70年近くかけて築いてきた民主主義が、こうもあっさり踏みにじられるものか〉

ワンパターンで感情的。情念たっぷりに恨み辛みを書き連ねた、というような印象を受けます。

花田　二〇一五年九月一九日の朝日の一面では、ゼネラルエディターなる長典俊氏という人物が、〈民意軽視の政治、問い続ける〉というタイトルで書いている。〈一体、自分たちはどこに連れていかれるのか、というどうしようもない不安〉という書き出しです。こういう情緒的な文章、イヤですねぇ。どうしようもない不安を感じている国民がいったいどこにいるのか、とぼくは疑問に思います。

阿比留　六〇年安保のときもＰＫＯ法案のときも、朝日は同じようなことを書いていましたが、この国は朝日の言うようにはならなかった。外務省のある幹部は、「サンフランシスコ講和条約の単独講和も然り、六〇年安保も然り、ＰＫＯも周辺事態法も然り、わが国は朝日新聞が反対することばかりやって成功してきた。今回も朝日がこれだけ反対しているから、安保法制は絶対に正しいと確信が持てた」と話していました。

櫻井　ＰＫＯによって戦後、はじめて自衛隊が海外に行ったわけですが、そのときの朝日の社説を調べたことがあります。ＰＫＯ協力法案の審議の最終段階で、朝日は社説〈自衛隊抜きＰＫＯで始めよう〉（一九九二年三月一七日）にこう書いていました。

〈自衛隊がＰＫＯの任務をおびて海外に出動したとしても、それがただちに侵略につながると思う人は少ないだろう。

だが、そんな心配をしている人々がアジアなどにいることを忘れてはならない〉

花田　アジアの人は、海外に出て行った自衛隊、つまり日本に侵略されると心配していると朝日は言っているわけですね（笑）。

櫻井　そうなのです。しかし、自衛隊は国連の枠組みの中で平和維持活動のために派遣されるのだから、国連の指導の下に位置します。しかも、基本的には単独では行動せず、他の国の軍隊と一緒に行動します。それなのに、どうして自衛隊が国を出た途端に「侵略軍」になるのか。主張の根拠がまったくわかりません。とにかく朝日は理解できないことばかり書きます。

朝日の反対にもかかわらず、ＰＫＯ法が成立して自衛隊が派遣されました。すると何が起きたか。自衛隊員は現地の人から大いに感謝されました。イラク・サマワのPKO活動のときは、サマワを県都とするムサンナ県のハッサン知事が、「多国籍軍、特に陸自が行った復興支援活動に感謝する」と、わざわざ自衛隊を名指しで誉めてくれたほどです。アジアの国々は、実は、朝日が言うような心配はしていません。

中国に不利なことは書かない

阿比留　メディアも、一部の文化人もそうでしたが、日本さえ国外に出なければ、日本さえ先に仕かけなければ、戦争は絶対に起こらないと信じている人がいまだにいるということです。

憲法前文にある〈平和を愛する諸国民の公正と信義〉というフィクションに依拠しているのでしょうか。理由はわかりませんが、日本さえ大人しくしていれば世界は平和だ、と思い込んでいる国民が一定層いると感じました。これは本当に驚きでした。

櫻井　東シナ海では、中国が一方的にガス田を開発しています。先にも言ったように、中国の戦略は尖閣一つを取るのではなく、東シナ海全体を取ろうとしているのです。そのような状況で、もし日本が何もしなければ、その間に中国にどんどん奪われます。報道する側の人間ならば、その程度のことくらいわかるはずです。しかし、どうして彼らはそれを伝えようとしないのか。

花田　二〇一五年七月六日に櫻井さんが中国による東シナ海のプラットホーム建設をスクープした後も、産経以外はほとんど報じませんでした。

阿比留　日本は悪い国だった、一方で、中国や韓国や北朝鮮は被害者であり、よい国だと思いたいのでしょう。

二〇一三年一月に中国の軍艦が日本の船に対してレーザー照射をしたことがありましたね。一歩間違えれば戦争になりかねない事件でした。

レーザー照射は戦闘行為と見なされます。米軍だったら武力行使に出たかもしれません。それほどの事態でした。この事件を受けて、翌二月に小野寺五典防衛大臣（当時）は記者会見を開き、その事実を発表しました。

しかし、東京新聞という極端に偏った新聞は、翌日の朝刊でベタ記事で載せただけだったのです。これは確信犯でしょう。中国に不利なことは書かない、あるいは書いても必要最小限に留める。そのような規制がかかっているのではないでしょうか。

櫻井　中国に配慮をして、「中国の脅威」を国民に知らせないという状況がある。

花田　支局閉鎖を恐れているんでしょうね。

櫻井　中国がいわゆる「南京大虐殺」をユネスコ記憶遺産に申請して、二〇一五年一〇月に登録が決まりました。それを受けて、産経は一面トップで扱いました。しかし、他の新聞は大きく報道しませんでした。こんな深刻なことを伝えないのでは、メディアとしての資質を疑います。

花田　一般の方は新聞を何紙も読んでいるわけではありません。ほとんどの人は読んでも一紙でしょう。すると朝日新聞や東京新聞、あるいは毎日新聞を購読している人たちは、赤く染まってしまいます。

「自衛隊員のリスク」放置の張本人が

櫻井　安保法制に対して、「自衛隊員のリスクが高まる」と主張したメディアや野党議員は、過去にどれほど自衛隊員のことを思いやってきたのか。この点についてはどうですか？

阿比留　まさに自衛隊を「人殺し」扱い、「税金泥棒」扱いにしてきた人が、「自衛隊員のリスクが高まる」と言っているわけです。

花田　二〇〇八年、イージス艦「あたご」と漁船「清徳丸」が衝突した。事故原因が不明のときから朝日は海上自衛隊を叩きまくった。結局、無罪になりましたが、朝日は謝罪しませんでした。

櫻井　一九九九年、能登半島沖で海上自衛隊が日本の船に偽装した北朝鮮の工作船を発見し、追いかけたことがありました。このとき、自衛官は非常に危険な状況に置かれていたのです。

工作船を追ったところ、エンジントラブルで止まった。自衛隊は臨検するため乗り込もうとしました。工作船は日本国内で漁業法違反を犯したわけですから、当然その必要があります。しかし、相手が武装している可能性があった。自衛隊にはたいした武器がない。なのに自衛隊の船には防弾チョッキすらなかったそうです。

二四人の乗組員全員がそのような状況でも、「行きます」と志願した。防弾チョッキの代わりに船にあった本を体に巻いたといいます。

そしてまさに工作船に乗り込もうとしたときに、エンジンが直ったのか、工作船はまた逃げはじめて、結局、自衛隊は乗り込めなかったわけです。

一歩間違えれば大惨事となった事件でした。

この事件が起きてもまったく問題提起をせずに放置してきた人たちが、安保法制に対しては「自衛隊員のリスクが高まる」と言う。さすがに自衛隊員も怒ると思うのです。

阿比留　日本という国は、常にそうです。何か起きるまではやらない。

たとえば米中枢同時テロが起きて、その後、自衛隊法がいくつか改正されましたが、それ以前は、自衛隊員は防衛庁の建物を守ることができなかったため、民間人の警備員が警備をしていました。日本は、安全保障に関しては、他国ではあり得ない、滅茶苦茶なことを続けてきているわけです。それに対して、一部の人が問題提起をすると、その人の首を取るようなことを繰り返してきました。

花田　これまでに約一八〇〇人の自衛隊員が訓練などで亡くなっています。しかし、その人たちを悼む記事や、自衛隊員をちゃんと遇さなくてはという記事は見たことがない。自衛隊員が亡くなっているという事実さえ、一般の人は知らされていません。

また、災害救助にも大きなリスクがあります。救助のときにこそ「自衛隊員のリスク」という言葉を使えばいい。ものすごいリスクを抱えて救助に当たっていますから、PTSD（心的外傷後ストレス障害）になってしまう隊員もいます。

救助の際には遺体を収容しなくてはならないときもあります。現場に行けば、当然、臭いもきついそうです。東日本大震災のとき、海中に沈んだ遺体は、触れば崩れてしまうような状態のものもあった。そういう遺体も隊員はなんとか収容しようと努力していたんですよ。しかし、そういうことにはなんの配慮もしないし、新聞も記事にしない。それなのに安保法制に関しては、むやみやたらと「自衛隊員のリスク」と言っている。こういうのをおためごかしと言うんです。

櫻井　二〇一五年九月に鬼怒川の堤防が決壊し、自衛隊がヘリコプターで救助に行ったとき、自衛隊員は住民を救うのに非常に苦労しました。

花田　あのときの救助も、ものすごく危険でした。

新聞社やテレビ局のヘリが何機も上空を飛び回っていて、救出シーンを撮っていました。あのように緊迫した状況では、代表取材で一社が撮影すればいいわけで、各社がヘリを出す必要などないはずですが、メディアにはそういった配慮もまったくない。

櫻井　先日、山口県に行ったのですが、岩国基地でも、訓練でこれまでに、三桁の数の隊員が亡くなっているということでした。訓練だけでなく、夜間に急患を運ぶのも大きな危険を伴います。そのときに、事故に遭う隊員も多い。でも、犠牲になった隊員がどう顕彰されているかというと、基地の片隅にひっそりと碑が建てられているだけで、国民が感謝する場所や機会はありません。

阿比留　自衛隊に限らず、警察官も消防官もそうです。リスクというなら公的職業の他にも、たとえば深夜バスやトラックの運転手だって危険な職業で、おそらく自衛隊員より多くの人が亡くなっているはずです。だから一概に「自衛隊員のリスク」などと言えるはずがないし、今回の法案で自衛隊員のリスクが高まるかというと、そんなことはないと、私は素直に考えています。

「廃案に向けて声を上げ続ける」

櫻井　『NEWS23』（TBS）には岸井成格《しげただ》さんというご意見番が出演しています（編集註／二〇一六年三月二五日に降板）。岸井さんは番組で安保法案に対して、「メディアとしても廃案に向けて声をずっと上げ続けるべきだ」と言いました。この発言は放送法に反するのではないでしょうか。

放送法第四条は次のとおりです。

〈第四条　放送事業者は、国内放送及び内外放送（以下「国内放送等」という。）の放送番組の編集に当たつては、次の各号の定めるところによらなければならない。

一　公安及び善良な風俗を害しないこと。

二　政治的に公平であること。

三　報道は事実をまげないですること。

四　意見が対立している問題については、できるだけ多くの角度から論点を明らかにすること〉

安保法制をめぐる報道を見ていると、特に第二項と第四項に違反している編集が目についたような気がします。

花田　あの番組を見るたびに偏っていると思います。腹を立てながら、チェックのために見ている。『報道ステーション』（テレビ朝日）も同じ。

櫻井　一九九三年に非自民党政権が誕生した際の総選挙報道では、「椿事件」がありました。テレビ朝日の取締役報道局長だった椿貞良《つばきさだよし》さんは、「反自民の連立政権を成立させる手助けになる」報道姿勢をとったと、日本民間放送連盟の会合で発言し、大きな問題となりました。国会に証人喚問もされました。

そのとき、もっと公正な報道をするべきだと、放送電波で特権を与えられているテレビ業界は反省させられたわけです。しかし今回の岸井さんの発言や、『報道ステーション』などその他のニュース番組を観ると、政治的に公平であるとは思えないし、多くの角度から論点を明らかにしているとも思えません。

阿比留　まったくその通りだと思います。先ほど、一部の文化人などの正体が見えた、という話をしましたが、第二次安倍政権発足以降、メディアも含めていろいろな方が赤裸々に安倍総理を批判しています。しかしその一方で、反論を受けると彼らは「言論統制だ」などと言うわけです。あれだけ好き勝手に喋っておいてよく言うよ、と思います（笑）。

花田　岸井さんはTBS『サンデーモーニング』にも出ています。この番組は視聴率が高く、影響力も大きい。だからこそ、「メディアとしても廃案に向けて声をずっと上げ続けるべきだ」などと言ってはならないはずです。少なくとも新聞社の幹部だった人、毎日新聞の元主筆です。その辺りのことがわからないのでしょうか。本当に不思議です。

一度インタビューをして、岸井さんに問い質してみたいんですが、インタビューを申し込んでも逃げ回って出てきません。

櫻井　でも局を挙げてそのような方向に走っていると仮定すると、局内ではかなり評価されているのではないでしょうか？

花田　そりゃそうですよ。朝日新聞、テレビ朝日の関係はよく言われますが、毎日新聞、ＴＢＳの関係も要注意です。フジテレビももっと産経色を出せばいいのに（笑）。

櫻井　テレビ局や新聞社の編集方針そのものが、メディアの役割を忘れていないでしょうか。どんな新聞でも、どんなニュース番組でも、ある一定の価値観を打ち出すことは構いません。ただ、新聞なら社説で打ち出すべきだし、ニュース番組ならきちんとバランスを取らなくてはならないはずです。ところが今回の安保法制をめぐる報道では、完全に一つの方向を向いていました。

花田　極論を言えば、新聞社は私企業だから何を報じても許されるかもしれません。しかしテレビは認可事業で、しかも放送法という縛りがある。だから岸井さんの発言というのは、絶対に許されないはずです。

阿比留　確かに新聞とテレビは分けて考えるべきだとは思います。

新聞で言えば、朝日新聞は二〇一五年一〇月一五日に、〈朝日新聞は変わりました

か　池上彰さん×長典俊〉という記事を掲載しました。新聞週間の特集の一つなのですが、池上さんをはじめ、このような特集の中で対談をしている方は、朝日に媚びたのか、やたらと朝日をもてはやすようなことを言っていました。これらを読んで、やはり朝日は反省などしていないのだな、と感じました。自画自賛のオンパレードでしたから。

また、同日の〈紙面、以前と比べていかがですか――モニターアンケートより〉には、こう書いてあった。

〈以前と比べた紙面の印象を尋ねたところ、「良くなった」との回答は49％。一方で「変わらない」が33％、「悪くなった」は16％だった。良くなった理由では「読者との対話の姿勢ができた」「多様な見方を紹介している」などが多かった。（中略）

悪くなったとの回答者からは「過度の萎縮」を指摘する声が相次いだ。70代男性は「両論併記を意識するあまり朝日新聞の視点が不透明な記事が多くなった」。「どうすべきかという見解が少ない」「権力批判の姿勢が弱まった」との意見もあった〉

「過度の萎縮」「権力批判の姿勢が弱まった」――。

このような新聞をどうすればいいかというと、結局は読者が見捨てるしかない。

櫻井　不買運動というと、センセーショナルなことのように捉えられがちですが、やはり国民が取捨選択していくしかないのです。

テレビ局は、どのように放送倫理を守っていくのかという課題があります。その点をきちんと整理しないと、国民への情報伝達は上手くいかないでしょう。

結果的に国民は全体像を知ることができず、そこから生まれてくる結論は不十分なものになり、間違った方向に進んでしまう可能性も高くなります。それらの悪影響は、すべて国民に跳ね返ってくるわけですから、やはりメディアが全体像を見せないというのは、国民に対して失礼なことだと思います。

日本人の戦争に対する思い込み

阿比留　安保法制の議論の中で、あまり理解していない人も含めて反対の声が多かったのは、確かに事実だったと思います。ただ、人々の関心というのは、たとえば新聞が一面トップで書いたら必ず読んでくれるというようなものではない。読者はそのときどきの関心事項しか目に留めないからです。新聞にはそのような難しさがあります。

櫻井　安保法制が国民に理解されなかったことの背景には、戦後七〇年の中で、日本人は世界でも珍しい民族になってしまったことがあるように感じています。戦後の日本は「軍事力を持ってはならない」と憲法に書かれ、結果、軍事を考えなくても許される国になった。すべてアメリカにお任せ、世界の善意にお任せという状態が、曲がりなりにも通用してきました。

しかし、近年はそのような考えが通用しなくなってきている。だからこそ、安保法制が必要なのですが、経済のことだけを考えていればいいというような考え方に慣れてしまった国民は、いきなり「危機感を持て」と言われても困惑してしまいます。

花田　日本には軍事を研究している大学もないし、軍事を学ぶ風土がありません。二〇一五年一月、産経と読売が「東大が軍事研究を解禁」と報じたら、すぐに朝日が否定の記事を出した。国民を守るための軍事研究をして何が悪いのか。

櫻井　防衛大学校の卒業生がさらに専門性を高めるために東大の大学院に行きたいと言ったとしても、つい最近まで東大は拒否していました。こんな国は世界的に見ても日本だけです。

世界の一流大学では軍事を学問としてしっかり教えています。しかし東大は、つい最近まで軍事に関する研究や学びを拒否してきました。いまは建前上は拒否しなくなりましたが、実態はいまも拒否だと言われます。

阿比留　日本さえ軍事のことを考えなければ戦争は起こらないという、憲法を起因とした思い込みが国民の間で蔓延しているようです。ある意味、宗教的な考え方なのかもしれません。

櫻井　この先、私たちはいくつもの大きなテーマを乗り越えていかなければなりません。憲法改正についても考えなくてはならないのです。安倍総理はいま、経済最優先で取り組んでいますが、それが一段落したら、憲法改正に向けて動き出すはずです。しかしメディアが公正に報道しないことにより、そのときにまた、きちんとした議論ができなければ、未来の選択を誤りかねない。

そうならないためにも、いまから何をしたらいいと思いますか。

花田　新聞の改善は期待はできません。

櫻井　なぜできないのですか？

花田　六〇年安保のときから、いや、講和（サンフランシスコ講和条約）のときから、ずっと同じことを繰り返していますからね。歴史が証明し、自分たちの報道が間違っていたと気づいても同じことを繰り返す。
その理由がぼくにはわかりませんけれども。

櫻井　では、安保世代の人たちの引退を待つしかない？

阿比留　それは大きな転機になると思います。自民党もそうでした。安倍総理が当選二回の若手議員だったときに、加藤紘一さんの話題になったことがあります。当時、加藤紘一さんが何を言ったのかは忘れましたが、ちょっと左寄りな発言をしたのです。そこで私は安倍さんに「加藤さんのような方がいっぱいいて困りますね」と言った。すると安倍さんは「だけど加藤さんの世代までしか、ああいう人はいないだろう。その世代がいなくなったら大丈夫だよ」と、そのようなことを言われたのです。

そして実際にそうなりつつあります。河野洋平さんも引退したし、野中広務さんも古賀誠さんも消えました。

櫻井　でも古賀誠さんは、二〇一五年の自民党総裁選で野田聖子さんを立てようと暗躍なさったと聞きました。

阿比留　暗躍しても立てられなかったのですから、もうたいした力はない。恥をかいたというふうに私は受け止めています。

ネットで比較して知る真実

櫻井　でも阿比留さん、世代交代を待つだけの時間的余裕が私たちにあるのか、です。中国は待ってくれないですから。

阿比留　安倍内閣の支持率は各社によって多少の違いはあるものの、だいたい四〇%以上の数字が出ています（二〇一五年一〇月時点）。この四〇%はコアな支持者です。

憲法改正には五〇%の国民の賛成が必要ですが、あと一〇%の国民が加われば足ります。だからいまはこの四〇%の層をよりしっかりと固めることが大事です。安保法制に感情的に反対してしまった人たちに何を突きつけても、彼らの考えはなかなか変わりません。

また、これだけメディアで反対しても、安倍内閣の支持率はすぐに四〇%台に復活した。これはやはりインターネットの存在が大きい。安倍総理も周囲にそう言っているそうです。

つまり、新聞は家で一紙しか取らない、あるいは近年は新聞を取らない人もいますが、その代わりにインターネットで各紙の社説や論調を読み比べることができます。

そういう中で、一紙の論調に惑わされない国民が増えているのです。
産経新聞とFNNの合同世論調査では安倍内閣の支持率を世代別に調べた結果、特に男性には顕著な特徴があり、二〇代の支持率が最も高く五七・一％、三〇代が二番目で五三・二％、続いて四〇代でした。要するに若い世代ほど、安倍政権を支持している。
つまりインターネット世代から支持されているということです。

花田　既存のメディアではなく、インターネットなどの新しいメディアでしっかりとした意見を発信していくことがますます大事。拡散する力が違います。

阿比留　そうですね。私が言うのもなんですが、産経新聞の発行部数は少ないです。しかし、インターネットの普及によって、部数以上の影響力と発信力を手に入れたと実感してします。なぜなら記事がネットユーザーによってどんどん拡散されるからです。そのおかげで、テレビや新聞しかなかった時代よりも強い影響力と発信力を手にしました。

花田　もちろん、インターネットにはいい加減な情報も溢れ、玉石混淆です。でもネット業界にちゃんとした人材が入っていくようになれば、見込みはあるのではないでしょうか。もう新聞はいらない、という時代が来るかもしれない。

いくら批判しても変わらないので、「新聞は昔のやり方を続けて自然死すればいい」とぼくは言いたい。ぼくは自分の関わった雑誌で新聞の批判を何十年もやってきましたが、新聞はまったく変わりません。

櫻井　自分の子供、自分の孫、自分の家族は無事でいてほしい、日本で平和に豊かに暮らしたい、と誰もが思っています。でも国際社会の情勢を見ると、アメリカが弱体化したことで空いたスペースにロシアや中国が入ってきて、両国の膨張は続いていきます。

中国にとって一番のターゲットは日本です。「中国の脅威」をリアルなものとして感じ取らないと、自分たちの大切な子供や孫や家族を守れません。それがいまだにわからない人たちが多いと、感じます。

阿比留　基本的知識がない人は、なかなかわからないとは思います。日本は平和だという思い込みも安全保障問題が国民に理解されない原因の一つでしょう。

櫻井　今回、安保法制に反対した人たちにも、ずっとそこに留まっていたら、自分たちの生活がどんどん危うくなるということを知らせたいと思います。今回の安保法制の議論から何かを学び取って、次に繋げていくべきだと私は考えています。

（二〇一五年一〇月一六日放送）

第3章

「東大憲法学」は変節から始まった

百地章×櫻井よしこ

百地章（ももち・あきら）

昭和21年、静岡県生まれ。日本大学法学部教授。法学博士。専門は憲法学。国家としてあるべき姿を模索する中で、憲法改正問題にも積極的に発言。著書に『憲法の常識　常識の憲法』（文春新書）、『憲法と日本の再生』『政教分離とは何か　争点の解明』（共に成文堂選書）、『日本人のための憲法改正Q＆A　疑問と不安と誤解に答える決定版』（共著、産経新聞出版）など多数。

「違憲」の理由にならない長谷部説

櫻井 安保法制の審議中、二〇一五（平成二七）年六月四日の憲法審査会で、自民党は憲法学者の長谷部恭男・早稲田大学教授を参考人として招致しました。しかし、長谷部さんは集団的自衛権の限定行使と、それを軸にした平和安全法制に対して、「憲法違反だ。従来の政府見解の基本的な論理の枠内では説明がつかない」と発言。それから国会は大混乱に陥りました。

長谷部さんは、次の三つの理由を挙げて違憲と発言しました。

〈・従来の政府見解の枠を超える

・法的安定性をゆるがす

・外国軍隊の「武力行使との一体化」につながる〉

百地先生はこれを真っ向から否定しています。

百地 その三つの理由は違憲の根拠にはなり得ません。まず、〈従来の政府見解の枠を超える〉という理由です。確かに安保法制は政府見解を大きく変えたものですが、だからといって憲法違反にはなりません。憲法や法律には一定の枠があり、その枠の中でA説からB説に変わることはしばしばある。

櫻井よしこ

今回は従来に比べれば大きな変更だったかもしれませんが、あくまで九条の枠内での解釈変更ですから、それを理由に違憲と言うのは無理があります。
櫻井　政府見解は変わっても、憲法の枠に収まっているのが事実ですね。
百地　そういうことです。「従来の政府見解の枠を超える」から違憲と言うのであれば、少なくともそれを立論しなければなりません。しかし長谷部さんはその説明をしていません。
櫻井　〈法的安定性をゆるがす〉という理由に対してはどう考えますか？
百地　日本は法治国家なので、法的安定性は大事だし、なるべくなら急激な憲法解釈

百地章

の変更は避けたい。

しかし、それは目的ではなく手段です。安定性が目的になってはいけません。安保法制の整備が急がれる中では、解釈を変更する際に多少、安定性を欠いたとしても仕方がないし、それが憲法違反の理由にはなりません。

櫻井　〈外国軍隊の「武力行使との一体化」につながる〉という理由はどうですか？

百地　自衛権の行使というのは「武力行使」そのものです。それに対して「武力行使との一体化」というのは、たとえば国際貢献で国外に派遣された自衛隊が、他国の部隊を直接支援することはできないから、せめて後方支援しようというときに、外国の軍隊と一体化してはいけないとして使う論理です。安保法制では、そうならないように歯止めをかけていますから、問題はありません。

百地 長谷部さんは集団的自衛権の問題と混同してしまっている。

櫻井 おそらくわかっていないのでしょう。

憲法だけ眺めてもわからない集団的自衛権

百地 百地先生は集団的自衛権の行使は合憲である、と主張しています。その理由を国際法の優位性で説明していますね。

櫻井 まず、国際法と憲法の関係を知る必要があります。集団的自衛権とは、国際法上の権利です。国内で問題にするものではありません。そして国際社会では、国内と異なって憲法より国際法が優先する、これは大原則です。

国連憲章五一条には次のように書かれています。

〈この憲章のいかなる規定も、国際連合加盟国に対して武力攻撃が発生した場合には、安全保障理事会が国際の平和及び安全の維持に必要な措置をとるまでの間、個別的又は集団的自衛の固有の権利を害するものではない。この自衛権の行使に当って加盟国がとった措置は、直ちに安全保障理事会に報告しなければならない。また、この措置は、安全保障理事会が国際の平和及び安全の維持または回復のために必要と認める行動をいつでもとるこの憲章に基く権能及び責任に対しては、いかなる影響も及ぼすものではない〉

櫻井　国連はすべての加盟国に対して集団的自衛権を認める、と言っています。

百地　その通りです。「固有の権利」とまで謳っています。フランス語訳では「自然権」と明記されています。中国語訳も同様のようです。

櫻井　中国語訳もそうですか（笑）。

百地　国連憲章で認めているのだから、国際法上、すべての国が集団的自衛権を行使する権利を持っている。だから、わざわざ憲法にそれを書く必要はありません。

ところがある若手の憲法学者は、テレビ朝日の『報道ステーション』で「（憲法の条文から集団的自衛権の行使に関する記述を見つけ出すことは）ネス湖でネッシーを探し出すより難しい」という趣旨の発言をしました。この学者は何もわかっていない。

私が調べた限りでは、アメリカ、フランス、ドイツ等はもちろん、憲法に「集団的自衛権を行使できる」などと記述している国はありません。そもそも必要ないからです。だから日本国憲法に書かれていなくても、ちっともおかしなことではありません。国連憲章をきちんと読んで、国際法を知ればわかる話ですよ。

国家には領土主権があります。領土、領海、領空などの自国領域への他国の介入を排除する権利です。たとえば他国の船が領海に侵入してきたら（無害通航でない場合）、日本はその船を排除できる。これが領土主権です。領土主権も国際法上の権利で、国際法によって認められている当然の権利です。

当然の権利ですから、わざわざ憲法に書かなくても問題はありません。集団的自衛権の行使について「憲法に書いていないから違憲だ」という人には、「憲法に書いていないから日本は領土主権も主張できないのか」と問いたいですね。そんな馬鹿な話はないでしょう？

櫻井　国家として国民を守りながら生きていくために集団的自衛権や領土主権が必要なことは、あまりにも自明のことだから、たとえ憲法に書いていなかったとしても、国際社会が認めている。それが国際法の精神だということはきちんと頭に入れておきたいですね。『報道ステーション』の若手の学者のように、日本国憲法に書かれていないから駄目だと言えば、それを信じる人も少なくありません。

百地　その通りです。ただし、国家は主権を持っています。だから国家の意思として、憲法に規定して、集団的自衛権をあえて一部制限、あるいは放棄することは可能です。現に、永世中立国オーストリアは憲法で集団的自衛権の行使を禁止しています。

反対に憲法で制限、放棄していなければ、集団的自衛権は自動的に認められることになります。

これは決して私の個人的な意見ではなく、最近知ったのですが、著名な国際法学者の村瀬信也・上智大学名誉教授も、まったく同じことを述べています（村瀬「集団的自衛権の行使に憲法改正の必要なし」、『Wedge』二〇一四年七月号）。また、私が現役の憲法学者の中でナンバーワンだと思っている大石眞・京都大学教授も同様の主張をしています。大石教授は法律の専門雑誌『ジュリスト』（二〇〇七年一〇月一五日号、有斐閣）に次のように書かれています。

〈私は、憲法に明確な禁止規定がないにもかかわらず集団的自衛権を当然に否認する議論にはくみしない〉

国際法上の権利として集団的自衛権の行使を容認しているのです。この問題は国際法と憲法の関係を理解して、はじめてこの結論が出ます。

櫻井　すると「集団的自衛権の行使は違憲」と言っている人は、憲法の専門家にもかかわらず、国際法を見ていないということでしょうか。

百地　そうでしょうね。国際法のことがわかっていない。集団的自衛権は国内ではなく、国際社会に対して行使するものですから。だから、「葦《あし》の髄《ずい》から天井を覗《のぞ》く」というか、自国の憲法だけを眺めていても何もわかりませんよ。

憲法学者の「私的解釈」

百地　ただし、集団的自衛権の行使に当たって、まったく制約がないかと言えばそうではなく、我が国の特殊な事情ですが、憲法九条第二項の問題があります。

櫻井　憲法九条一項と二項を見ても、集団的自衛権は禁止していません。しかし二項には〈陸海空軍その他の戦力は、これを保持しない〉という制約が書かれています。だから日本は少し遠慮する形で、集団的自衛権を限定的に行使する、というのが今回の平和安全法制のあり方ですね。

百地　それがこのたびの政府見解です。

第一次安倍政権下の二〇〇七年、憲法と集団的自衛権などの関係について研究を行う安保法制懇（安全保障の法的基盤の再構築に関する懇談会）が設置され、二〇一四年には報告書が提出されました。

〈必要最小限度の範囲の自衛権の行使には個別的自衛権に加えて集団的自衛権の行使が認められるという判断も、政府が適切な形で新しい解釈を明らかにすることによって可能であり、憲法改正が必要だという指摘は当たらない〉

このように報告書では集団的自衛権の行使を無条件で認めました。しかし私は、安倍政権が集団的自衛権の「限定行使」としたのは、正しい判断だったと評価しています。

櫻井　法制懇は集団的自衛権の行使を全面的に認めてもいい、と報告した。でも政府は、少し遠慮したほうがいいと判断したということですか。

百地　政治的判断もあったのかもしれませんが、それよりも、自衛隊の実態は軍隊とはいえ、法制度上は九条二項があるので「軍隊ではない」と言わざるを得ません。だから諸外国並みには集団的自衛権を行使できない。

やはり九条二項という縛りがあるから、集団的自衛権の行使を全面的に認めるのは法理論として正しくないと判断した。そのような意味で限定行使にしたのは正しいと思います。

櫻井　お話を伺って極めてすっきりしました。

ところで、違憲か合憲かを判断するとき、憲法学者の解釈をもとに判断する必要が、いったいあるのでしょうか。

百地　学者の解釈は「私的解釈」といいます。どんなに著名な学者の説でも、国や公務員は法的に拘束されることはありません。

逆に法的に拘束される解釈は「有権解釈」といいます。政府見解や国会決議、それから最高裁の判決などが有権解釈に当たります。憲法八一条にはこうあります。〈最高裁判所は、一切の法律、命令、規則又は処分が憲法に適合するかしないかを決定する権限を有する終審裁判所である〉

最も権威がある有権解釈は最高裁の判決です。

だから憲法学者が違憲と判断したからといって、それに従う必要はありません。自民党の高村正彦さんは国会で、「憲法学者の言うとおりにしていたら、今も自衛隊はありません」と言われていましたが、本当にその通りですよ。

最高裁は個別的とも集団的とも言っていない

櫻井　最高裁の判決に基づいて判断するという話になると、「砂川事件」を思い出す人が多くいます。この事件をわかりやすく説明するとどうなりますか。

百地　日米安保条約改定前の一九五七年、かつて東京にあった砂川町で、米軍立川基地を拡張するために都の職員が測量しようとしたところ、拡張に反対するデモ隊が柵を越えて基地内に立ち入る事件が起き、刑事特別法違反として起訴されました。

これに対して弁護側は、「そもそも米駐留軍の存在とそのための日米安保条約は、戦力の保持を禁止している憲法九条違反である。だから米駐留軍を保護するために作られた刑事特別法も違憲であり、被告人は無罪だ」と主張したわけです。

結局、これは最高裁までいき、一九五九年に判決が出ました。

裁判で問われたのは、「アメリカ駐留軍が憲法で保持を禁止した戦力に当たるかどうか」という点です。これについて最高裁は次のような判決を下しました。

〈わが国が主体となつて指揮権、管理権を行使し得ない外国軍隊はたとえそれがわが国に駐留するとしても憲法第九条第二項の「戦力」には該当しない〉

同時にもう一つ問われたのは、日米安保条約そのものが憲法違反ではないかという点で、最高裁は次のような判決を下しました。
〈安保条約の如き、主権国としてのわが国の存立の基礎に重大な関係を持つ高度の政治性を有するものが、違憲であるか否かの法的判断は、純司法的機能を使命とする司法裁判所の審査に原則としてなじまない性質のものであり、それが一見極めて明白に違憲無効であると認められない限りは、裁判所の司法審査権の範囲外にあると解するを相当とする〉

要するに、高度に政治的な問題については、条約締結権を持った内閣や承認権を持った国会が判断すべきであり、最終的には主権者・国民が判断しなさい、と最高裁は言ったのです。

ただ、この判決の中で、最高裁が見ても明らかに憲法違反だと判断できる場合には、そう判断する余地があるとも言っています。ということは、この件に関しては最高裁は憲法違反とは判断しなかったということになります。

この判決に関して「最高裁は判断を避けた」と言う人もいますが、そうではなく、「安保条約は高度に政治的な条約だから、最高裁が判断する問題ではない」と「判断した」のです。

さらにこの判決文では、〈憲法第九条はわが国が主権国として有する固有の自衛権を何ら否定してはいない〉と述べています。単に「自衛権」と言っていることから、「この判決は集団的自衛権には触れていない」と主張している人もいますが、そのような言い方をするのであれば、「個別的自衛権とも言っていないでしょ」と私は反論したいですね。

では、この「自衛権」とは何なのか、という話になります。

櫻井　日本における自衛権の議論は、正直に申し上げて非常にわかりにくく、心にすっと入っていきません。国家として国民や国土、領海、領空を守るのは当然で、それを個別的、集団的というふうに細かく細かく分けて考えるのは、理屈を論ずるあまり、本質から離れてしまう気がします。それでも私たちはこの理屈の世界をしっかりと理解して、日本のあるべき国防政策の土台をつくっていかなければなりませんね。

そこで百地さん、自衛権とは何ですか（笑）。

百地　はい（笑）。個別的自衛権と集団的自衛権は不可分一体です。だから個別的自衛権と集団的自衛権をまとめて「自衛権」と言った。つまり最高裁は、日本が両方の「自衛権」を持ち、必要な措置を取ることができると述べたのです。

櫻井　それが最高裁の判決なのだから、大多数の憲法学者が反対していても関係ないということですね。

百地　そういうことです。最高裁は「集団的自衛権」という言葉を使って正面から合憲と述べたわけではありませんが、主権国の当然の権利として集団的自衛権を認めたことは間違いありません。

旧安保条約でも認めている集団的自衛権

櫻井　旧安保条約でも次のように明記されていました。

〈The Treaty of Peace recognizes that Japan as a sovereign nation has the right to enter into collective security arrangements, and further, the Charter of the United Nations recognizes that all nations possess an inherent right of individual and collective self-defense.〉（平和条約は、日本国が主権国として集団的安全保障取極を締結する権利を有することを承認し、さらに、国際連合憲章は、すべての国が個別的及び集団的自衛の固有の権利を有することを承認している。）

〈individual〉は個別的、〈collective〉は集団的、〈self-defense〉は自衛という意味で

す。要するに安保改定前から、すでに日本の個別的、集団的自衛権の行使は認められていたのでしょう。

百地　そうですね。旧安保条約の前文には、こうも書いてありました。

〈これらの権利の行使として、日本国は、その防衛のための暫定措置として、日本国に対する武力攻撃を阻止するため日本国内及びその附近にアメリカ合衆国がその軍隊を維持することを希望する〉

櫻井　米軍に代行してもらうということ。つまり、集団的自衛権は、国連憲章でも、旧安保条約でも認められている。

百地　そうです。

それから集団的自衛権の定義や内容についても誤解があります。集団的自衛権を認めたら、ただちに日本が戦争をはじめるかのように煽っている人もいます。しかし、それはまったくのデマです。集団的自衛権をもとに条約を締結するのも「集団的自衛権の行使」だし、外国軍の駐留を認めるのも「集団的自衛権の行使」です。

櫻井　国際法上はそうなりますね。

百地　また、北朝鮮からテポドンが発射されるなど、日本がいよいよ危ないというときに、米軍のイージス艦が日本海に展開したとします。イージス艦がテポドン発射の方向に照準を合わせると上空が手薄になる。そこで、米軍から「上空を警戒してほしい」と要望され、航空自衛隊が警戒に当たれば、これも集団的自衛権の行使です。

あるいは朝鮮半島有事のときに、米艦で日本人を避難させることになったとします。その際に米艦を警護するのも、集団的自衛権です。

集団的自衛権とは、ただ武力を行使するだけの権利ではないのです。だから旧安保条約にも、〈武力攻撃を阻止するため日本国内及びその附近にアメリカ合衆国がその軍隊を維持することを希望する〉と書いてあったのです。

東大護憲派に支配された憲法学界

櫻井　『報道ステーション』は『憲法判例百選』（有斐閣）の執筆者、一九八名にアンケート調査をしました（調査期間二〇一五年六月六日〜一二日）。四七名は返答しなかったそうですが、残りの一五一名は回答したといいます。

「一般に集団的自衛権の行使は日本国憲法に違反すると考えますか？」という質問に「憲法に違反する」と答えたのは一二二名、「憲法違反の疑いがある」と答えたのは一二名にも上りました。

しかし、「憲法違反の疑いはない」と答えたのは、たったの四名だったと報じていました。反対派の学者が多いですね。

百地 実は私も『憲法判例百選』の「第5版」までは執筆者の一人でした。しかし、「第6版」以降は携わっていません。

櫻井 先生のところには『報道ステーション』のアンケートは届かなかったのですね？

百地 はい。だから私はその一九八名の中には入っていません。

櫻井 では、先生以外にも四名の学者が合憲と考えている。合憲論者は最低でも五名もいるわけですね（笑）。

百地 私も友人たちに電話をしまして、合憲論者として名前を出しても良いか尋ねました。そうすると直ちにOKしてくれた憲法学者が一〇名近くいました。そのリストをもとに、自民党の平沢勝栄先生が国会で名前を挙げたわけです。

名前は出せませんが、合憲と答えた有力な憲法学者も数名いましたし、『報道ステーション』のアンケート調査に回答しなかった四七名の中には、著名な大学の学者や有力な憲法学者もいたので、合憲論者はもっといるはずです。

櫻井　二〇一五年六月一九日、百地先生は駒澤大学名誉教授の西修《にしおさむ》先生とともに、日本記者クラブで記者会見を行いました。合憲論者は極めて少数派でしょう。大変だったのではないですか？

百地　大変でした。しかし、私もこの歳（二〇一六年三月現在六九歳）になってあまり恐いものがなくなってきましたので……（笑）。もう少し若かったら発言を控えていたかもしれません。

　私は大学院に入る頃から憲法学者になろうと決めていたのですが、そのときは清水の舞台から飛び降りるような気持ちでした。

櫻井　ほう？

百地　憲法学界では改憲論者というだけで危険視されます。もちろん、「おまえが勝手にそう思っているだけだ」と反論する人もいるでしょうが。

　しかし、改憲論者は学会で発表の場がなくなったり、専門誌に寄稿できなくなるなど、昔からいろいろな嫌がらせがあると、直接、間接的に聞いていました。だから自分が改憲論者だったとしても、それを公言しづらい雰囲気がずっとあったのです。

多少は改善されたのかもしれませんが、いまでも堂々と改憲論者だと表明するのは難しいでしょうね。

櫻井 憲法学には学問の自由がないのですか？

百地 私はよく「学問の不自由ですよ」と冗談を言っています（笑）。

櫻井 我が国の憲法学界は、どうしてそんなにおかしな状況にはまっているのですか。

百地 その点については正確に分析したわけではありませんが、私の見る限りでは、東大法学部を頂点とするヒエラルキーができているからだと思います。憲法学者は東大出身者が最も多く、その弟子、孫弟子とすそ野が広がっています。だから、東大の偉い教授が何かを主張すると、だいたいそれが多数説になります。理論の正しさとは関係なく、数の上で多数派に成り得るのです。

櫻井 東大法学部を頂点とする護憲派のヒエラルキーがあり、その世界では改憲論者を名乗るのは相当な勇気が必要であるとは、憲法学界はまるで暗黒の中世ではありませんか。

百地 私はそう思っているし、客観的にそう感じている学者も多いはずです。

櫻井　学者の世界は教授、つまり師の教えは絶対なので、なかなか異論は出てこない。でも先生は開き直っていらっしゃる。

百地　多少、自信がついたこともありますね。

櫻井　戦後の流れを見ると、憲法学者たちが言ってきたことと、国際社会の流れはまったく違いますね。

百地　ええ。私が言ってきたことのほうが正しかったという自負もあります。だからいまは遠慮せずに発言しています。

東大法学部の大御所は戦時中に変節

櫻井　東大法学部の憲法講座の系譜は、弱冠二六歳で助教授になった宮澤俊義《としよし》さんからはじまり、芦部信喜《のぶよし》さん、高橋和之さん、そして長谷部恭男さんと続きます。

百地　現在も東大出身の憲法学者はたくさんいますが、長谷部さんは中心的な人物だと思います。いまは早稲田大学に移りましたが、もともとは東大直系の人です。

櫻井　宮澤俊義さんは東大法学部の大御所でしたが、どのような人物だったのですか？

百地　とにかく頭のいい人でした。著書もたくさん残しています。

まずは、『全訂 日本国憲法』（宮澤俊義著・芦部信喜補訂、日本評論社、初版は一九五五年）が有名です。「日本国憲法コンメンタール」と呼ばれています。注釈書という意味ですね。

これは八〇〇ページを超える本で、憲法前文からはじまり、条文ごとに詳細な解釈が書いてあります。一番詳しく書いてある本だから、司法試験や国家公務員試験を受けた人々は、必ずこの本を読んできたはずです。

宮澤さんが東大法学部の憲法講座の担当になったのは一九三三年か三四年のことです。その時代の有名なエピソードがあります。宮澤さんは、明治憲法一条の「大日本帝国ハ万世一系ノ天皇之ヲ統治ス」から三条の「天皇ハ神聖ニシテ侵スヘカラス」までは非科学的であり、学問の対象にならないと考え、授業では一切触れなかったというのです。

ところがそんな宮澤さんの考えも、軍部が絶大な力を持ちはじめた一九四〇年頃になると変わります。伊藤博文による明治憲法の逐条解説書『帝国憲法義解』（一八八九年）を校訂して、宮澤さんは一九四〇年に岩波文庫から『憲法義解』（伊藤博文著、宮澤俊義校註）を出版した。そこでは、古事記や日本書紀など、日本の神話もたくさん引用されています。

一条から三条までを「非科学的なもの」と言っていた頃の態度とは明らかに違います。当事者として葛藤はあったのかもしれませんが、一八〇度変わったということです。

櫻井　なるほど。

百地　さらに宮澤さんが書かれた『憲法略説』（一九四二年、岩波書店）という教科書もすごい内容です。同書の「天皇」の章では、明治憲法の「天皇ハ神聖ニシテ侵スヘカラス」という規定について、「我が国は天皇が神の後裔として、現人神としてこれを統し給ふとする民族的信念の法律的表現である」「神皇正統記《じんのうしょうとうき》の著者が『大日本は神国なり』と書いた所以もここに存する」と解説しているのです。

他の憲法の教科書を読んでも、このような解釈をしているものはありませんよ。

本来、「天皇ハ神聖ニシテ侵スヘカラス」とは「天皇が政治的責任を負わない」ということを意味します。ヨーロッパの君主制の国々でも「神聖」や「不可侵」という言葉が普通に使われていました。しかし宮澤さんは「天皇が神の後裔として、現人神として」と、まったく違う解釈をしたのです。

ちなみに、美濃部達吉《みのべたつきち》博士もそのような解釈はしていません。著書『憲法撮要《さつよう》』（一九二三年）では、「天皇ハ神聖ニシテ侵スヘカラス」について、「君主の神聖不可侵は近世の各君主国のあまねく認むる原則なり」と書いているだけです。要するに、君主国なら当然だということですね。

また、佐々木惣一《ささきそういち》博士は著書『日本憲法要論』（一九三〇年）で、「神聖不可侵の権利。天皇は神聖にして侵されざるの権利を有したもう」と書き、天皇の政治的無答責を定めたにすぎない、という解釈をしています。

二人とも、極めて常識的な解釈をしています。ところが宮澤さんだけが違います。当時の通説や学問に照らしても、宮澤さんは明らかにおかしなことを言っていました。

戦後にも再転向

櫻井　すると宮澤さんは戦前に一度、転向したわけですね。そして、戦後も再び転向した。二度目の転向はGHQの下でしたね。

百地　一九四五年の敗戦直後、九月二八日に宮澤さんは外務省で〈「ポツダム」宣言ニ基ク憲法、同附属法令改正要點〉という講演を行っています。そのときは、明治憲法は民主主義を否定するものではないから、その手直しでポツダム宣言が要求する「民主主義的傾向ノ復活」に対応することは可能だ、といった趣旨の話をしています。

櫻井　そのときは明らかに明治憲法を評価していた。

百地　はい。その後、明治憲法が改正されることになり、松本烝治《まつもとじょうじ》国務大臣を中心に松本委員会が設置され、改正案として「松本案」がつくられました。明治憲法を肯定する立場から、いわば部分的な手直しをまとめたのが松本案です。その中心的な役割を担った一人が宮澤さんでした。

櫻井　しかし一九四六年二月八日に提出した松本案はＧＨＱに却下された。ＧＨＱは激怒した。そしてその代わりに二月一三日にＧＨＱから「マッカーサー草案」を突きつけられました。

百地　その直後に、宮澤さんは再び転向したのです。

櫻井　マッカーサー草案はいまの日本国憲法そのもので、白洲次郎は〈敗戦最露出の憲法案は生る。「今に見ていろ」という気持ち抑えきれずひそかに涙す〉と日記に書き残しました。

百地 当時の日本としては、受け入れざるを得なかったでしょう。

櫻井 宮澤さんは松本案をつくったメンバーの一人だった。当然、マッカーサー草案を読んでいたはずだし、日本がGHQの要求に従わなくてはならなかった当時の状況をよく見ていたはずですね。

百地 だから、受け入れざるを得ないとは思ったでしょう。しかし、現行憲法を一所懸命推奨する必要などなかったはずです。

ところがお先棒を担ぐような形で、直後に雑誌『世界文化』（一九四六年五月）で「八月革命説と国民主権主義」という論文を発表しました。五月号だから、おそらく二月か三月に書いたのでしょう。つまり、日本国政府がマッカーサー草案を受け取った直後に書いたわけで、その時点ですでに転向していたことになります。

櫻井 宮澤さんが唱えた「八月革命説」について説明していただけますか？

百地 一言で言えば、「一九四五年八月一四日のポツダム宣言の受諾によって、明治憲法があるにもかかわらず、国民主権が成立した。その後、制定された日本国憲法は、主権を獲得した国民が自らの意思で主権を行使してつくった憲法だ。だから革命憲法だ」という考えです。

すなわち、日本はポツダム宣言を受諾して降伏しました。が、その際、日本が示した唯一の条件は、「国体の護持」つまり天皇の地位の保障でした。そこでポツダム宣言の受諾にあたり、我が国政府はその旨申し入れたのですが、直接の回答はなく、「日本国の最終的な政治形態は、ポツダム宣言に従い、日本国民の自由意思によって決定される」との回答（バーンズ回答）が返ってきた。これを見て我が国政府は、国体は護持されたと考え、宣言を受け入れたのです。

ポツダム宣言には、一二条に、「前記諸目的カ達成セラレ、且日本国国民ノ自由ニ表明セル意思ニ従ヒ平和的傾向ヲ有シ且責任アル政府カ樹立セラルルニ於テハ、聯合国ノ占領軍ハ、直ニ日本国ヨリ撤収セラルヘシ」とあるだけです。しかしバーンズ回答には「日本国の最終的な政治形態は日本国民の自由意思に従って決めるべきだ」とありましたから、宮澤さんは、この部分に目をつけた。そして「日本国国民ノ自由ニ表明セル意思」が指す「国民」とは「天皇を除く国民」のことであり、その国民が国の最終的政治形態を自由に決定できるというのだから、ポツダム宣言は「国民主権」を要求したものであると考えました。そこでつくり上げた理論です。

櫻井 明治憲法と現行憲法の間には大きな断絶があります。だから「八月革命説」、革命という言葉を使ったのですね？

百地 そうですね。フランス革命のような「革命」があったのではなく、両憲法が法的に断絶している、というだけです。

憲法改正には「限界説」と「無限界説」の議論があります。政府は無限界説、つまり改正の手続きさえ踏めば条文の内容は自由に改正できるという立場を取っています。私もこれが正しいと思っていますが、我が国では、憲法には基本原理があり、それを超える改正はできないとする限界説が有力でした。日本国憲法の制定を限界説に当てはめると、明治憲法の基本原理を超える改正を行ったのだから当然「無効」ということになります。しかし宮澤さんは、本来は無効のはずのものを、国民主権を持ち出すことで「国民が自ら制定したのだから正しい。法的には断絶があるから革命だ」と逆に正当化したわけです。

櫻井 それで「八月革命説」というわけですね。

明治憲法に責任転嫁

百地　戦後の宮澤さんは、とにかく明治憲法を批判し続けました。戦前は「天皇が神の後裔として、現人神として」と言っていた。これは宮澤さんの解釈だったわけですよ。

その他にも、彼はとんでもない解釈をしていました。ところが戦後になると、あたかもそのトンデモ解釈の責任が明治憲法にあるかのように、激しい批判をはじめた。責任転嫁です。

たとえば「統帥権の独立」です。統帥権の独立を巡っては、憲法学者の間でも議論がありました。

櫻井　統帥権についての記述の曖昧さは、明治憲法の欠点の一つでした。だからそれを政治的に利用して、「統帥権の干犯」と言いはじめて、そこから政治闘争が起き、一気に軍国主義へと走っていったと、一つの批判材料にされてしまいました。

百地　明治憲法一一条には、〈天皇ハ陸海軍ヲ統帥ス〉と書いてあります。「統帥」というのは軍の指揮・命令のことです。指揮・命令ですから、当然、機密性や迅速性を要します。国政ではちゃんと閣議にかけて議論しなくてはいけませんが、しかし、統帥権というのは、国政、国務の範囲外にあります。

櫻井　その統帥権について、宮澤さんの主張は戦前と戦後でどう変わりましたか？

百地　戦前の宮澤さんは、「統帥権の独立」を正当化して煽りました。その異常さは、美濃部達吉博士と佐々木惣一博士の主張と比べるとわかりやすい。

美濃部博士は著書『憲法撮要』や『逐条憲法精義』（一九二七年）で、統帥権の独立について、「統帥大権がその輔弼《ほひつ》の外にあるは憲法の成文に基づくにあらずして、主として事実上の慣習と実際の必要とに基づくものなり」と、つまり憲法の条文上の問題ではなく、慣習に基づくものだと言いました。

統帥権の範囲についても、「統帥大権は、内閣の責任に属せず、従って議会はこれに関与することを得ないもので、国務大臣が天皇の大権につき輔弼の責めに任ずることの原則に対して例外をなすものであるから、その範囲には必ず一定の限界が守られねばならぬ」とし、あくまで例外だから、限界を守るべきだと強調しました。

佐々木博士はさらに厳しく、「天皇は、陸海軍を統帥したもう。陸海軍の統帥もまたもとより天皇の国務上の行為なり」と言い、国務上の行為だから国務大臣の助言は必要だという立場で「帝国憲法はこれをもって国務大臣輔弼の外に置くとするの説行わるれども、けだしこれ一つの独断たるのみ、何ら法上の根拠あるなし」と、統帥権独立は憲法違反であると堂々と言い切ったのです。

ところが宮澤さんはまったく別の解釈をしています。前述の『憲法略説』の中で、「帝国憲法以前からの慣習法に基づき、統帥大権は一般国務大権とは厳に区別せられ、国務大臣の輔弼の範囲に属しない」とし、国務大臣の助言の外にあるとした。また、「けだし統帥の事務はことの性質上機密迅速に行われるを要し、かつ特殊な専門技術的な知識経験を必要とするところが多いので、これを一般国務と同列に扱うのは妥当ではないからである」と、積極的に統帥権の独立を正当化したのです。

櫻井　そのような主張を掲げていた宮澤さんが、戦後はどう言い出したのですか？

百地　『憲法（改訂版）』（一九六二年、有斐閣）では「この統帥権の独立が、明治憲法末期におけるあの気ちがいじみた軍国主義のための強力な跳躍台の役を務めたことは注目される」と書いています。完全に明治憲法に責任転嫁したのです。

櫻井　ご自身が統帥権の独立を正当化していたのに。

百地　そうなのです。戦後の憲法学者たちが明治憲法をどれだけ勉強しているのか。おそらくきちんと勉強した人は少ないでしょう。宮澤さんが書き残した明治憲法論や憲法像をもって、それが明治憲法だと勘違いしている学者がたくさんいるはずです。

櫻井 日本にとって重大な意味を持ちますね。

百地 たとえば、戦前の明治憲法下では、神社に参拝するのは国民の義務なのか、という議論がありました。多くの学者は「義務ではない」と言っていたのですが、宮澤さんだけは「神社は国教的存在である」と、国民は神社を崇拝する義務があるという主張をしたのです。

ところが戦後になると、あたかも明治憲法自体が神社に参拝するのを義務づけていたかのように書いています。

櫻井 東大という最高学府の権威であるにもかかわらず、戦前の自分の学説を真っ向から否定するのは無責任のかぎりですね。

百地 でも自分の学説とは言えないから、明治憲法に責任を押しつけました。

櫻井 それもまた、学者としては許されざる卑怯ではないですか？

百地 そうですね。戦後は本当に言い訳ばかりしていますよ。

公職追放と「一八〇度の転向」

櫻井　戦後、ＧＨＱにより公職追放が断行されました。約二〇万人が追放されましたが、そのほとんどが保守系の人物でした。

百地　財界、政界、教育界、言論界、学界など、さまざまな分野で日本を支えてきた保守系の人物は、ほとんど追放されたのです。

憲法制定に当たっては帝国議会を招集しましたが、保守政党・日本進歩党に所属する衆院議員二七四名のうち二六〇名がＧＨＱによって追放されましたよね。

櫻井　逆に社会党や共産党はＧＨＱの援助を受けました。

百地　いまの歴史教科書を読むと、婦人参政権の導入など当時の明るい面ばかりが記述されていて、公職追放のような暗い部分はまったく触れられていません。

櫻井　そして追放によって空いた席に座ったのが左翼の人材でした。

百地　それからＧＨＱは検閲を徹底して行い、議会の審議録の英訳も毎日提出させましたね。

櫻井　宮澤さんは戦前、戦中は左翼系の学者ではなかった。しかし戦後に転向したのは、やはり公職追放から逃れるためだったのでしょうか。

百地　あくまでも私の想像ですが、公職追放から逃れるためには、GHQの意向に従うか、少なくとも楯突かないようにするしかなかったのではないでしょうか。しかし進んでGHQのお先棒をかつぐ必要はありませんでした。

　他方、GHQとしても、東大法学部の教授だった宮澤さんの存在を利用したかったのだと思います。

櫻井　そうした中で宮澤さんは大御所となり、戦後の憲法学界において強大な権力をふるいました。日本にとっての大きな不幸と言ってよいのでしょうね。

　宮澤さんは、GHQが憲法草案を示した当初は、これは日本国民が自分たちで発意したものではない、欺瞞的な憲法だ、とも言われたのでしょう?

百地　貴族院ではそう述べました。しかし秘密会だったため、審議録は英訳して毎日GHQに提出されていたのですが、その事実は一九九五年に我が国で公開されるまで、日本人には知らされませんでした。

櫻井　宮澤さんは貴族院でそのように述べたにもかかわらず、GHQの圧力の下で明治憲法を否定して、「八月革命説」を唱え、東大法学部・憲法講座の教授として、重々しい権威となった。

百地　確かに学問的な業績はある方ですよ。「宮澤憲法学」は有名ですからね。

櫻井　それを虚偽の学問と言うのは間違いですか？　何度も転向したのは、どう考えても学問的良心を欠いています。

百地　人間としても学者としても信用できないですよね。学問というものは人間性や人格と切り離せないと思っています。

しかし、そんな宮澤憲法学を学ばなければ公務員試験も司法試験も通らなかった。

彼の『全訂　日本国憲法』には、「天皇はもはや君主でも元首でもない」と我が国が共和国であると堂々と述べられていますし、天皇の役割についても次の趣旨で書いています。

「天皇の国事行為に対して、内閣の助言と承認を必要とし、天皇は、それに拘束される、とすることは、実際において、天皇を、何らの自主的な権力をもたず、ただ内閣の指示にしたがって機械的に『めくら判』をおすだけのロボット的存在にすることを意味する」

「めくら判」という言葉を四回以上使っています。本当にひどい記述です。政府が政府見解をいくら強調しても学者が、それも東大憲法学の中心人物が、天皇は君主でも元首でもないと述べれば、学生達はそれを一所懸命覚えることになります。

宮澤理論に染まった憲法学者

櫻井　宮澤さんのお弟子さんが芦部信喜さんです。

百地　芦部先生は私も個人的に存じ上げていました。私の大学や大学院時代の恩師と比較的近い世代なので繋がりがあり、ドイツの著名な国家学・憲法学者、Ｇ・イェリネクの大著『一般国家学』を一〇名ほどの学者で翻訳したときに、私も助手として参加させていただきました。

芦部先生は誠実な人柄でした。ただ、宮澤さんの「八月革命説」をそのまま踏襲されたり、現行憲法制定の過程についても、自立性は維持されたと強弁されたり、学問的には疑問があるのも事実です。

櫻井　宮澤さんの系譜には高橋和之さんもいますね。

百地　高橋さんは私と世代的には近いですね。「九条の会」や「96条の会」など護憲派グループがいろいろとありますが、私の知る限り、彼はそういったグループのメンバーではないようですね。

高橋さんの世代は芦部先生の直弟子に当たる世代で、その中にはしっかりした憲法学者もおり、護憲派グループの中ではあまり名前を見かけません。護憲派なのか改憲派なのか、それすらもわかりませんが、あまり政治的な場所には顔を出していないようです。

櫻井　その他の東大法学部の憲法学者といえば、亡くなった奥平康弘さんもいます。

百地　「96条の会」の発起人の一人ですね。

憲法改正の手続きを定めたのが九六条ですが、その条件があまりにも厳しすぎる。戦後、一度も憲法を改正できなかった理由の一つは、九六条が定めた条件の厳しさにあるのです。だから我々は九六条を改正するべきだ、と主張してきました。二〇一二年から二〇一三年には運動が盛り上がりましたが、それに対抗する形でできたのが「96条の会」です。

発起人には長谷部恭男さん、石川健治さんなども名を連ねていますが、この二人はいわば芦部先生の孫の世代です。特に石川さんは、かなり若い世代ですね。

櫻井　長谷部さんは先ほども話した通り、憲法審査会に参考人として出席しました。「96条の会」の発起人なのに、自民党はなぜ参考人として憲法審査会に招致したのでしょうか?

百地 それは憲法改正推進本部長の船田元さんの責任が大きいですよ。

参考人に誰を呼ぶかというときに、候補として私の名前も出たそうです。しかし、船田さんが難色を示したという話を聞きました。

櫻井 船田さんは百地さんのことを「色が濃すぎる」と言われたそうですね。

百地 結局は、色は色でも護憲派色がついた人しか呼ばれませんでした。

櫻井 憲法学界は宮澤さんを頂点として、その後も宮澤さんのお弟子さんが継ぎ、宮澤さんの憲法理論を踏襲しなければ研究ができない、論文を書くこともできない、教授はおろか助教授(准教授)にもなりにくい、不自由な環境になりました。だから宮澤理論に染まっている人が増えた。その結果、憲法審査会に出席した三名の憲法学者が全員、「安保関連法案は違憲」と言うような事態になったのでしょうか。

百地 そうでしょうね。ただ、最近はかつてほどの縛りはないと思います。若手の学者は昔に比べたら多少は自由です。

「戦時国際法」の講義がなかった東大

櫻井　東大は憲法だけでなく、他の分野でもずいぶんとおかしなところがあります。たとえば近年までは軍事に関する研究は一切認めませんでした。一九五九年には、茅誠司さんが総長だった当時の評議会で、「軍事研究はもちろん、軍事研究として疑われるものも行わない」方針を表明。一九六七年には、茅さんから総長を引き継いだ大河内一男さんが、「外国も含めて軍関係からは研究援助を受けない」と宣言しました。

そのため、防衛大学校の優秀な卒業生を東大の大学院に送ろうとしても、東大の教授会が「自衛隊は軍隊ではないか」と拒否していたのです。

ではその代わりに誰を入学させてきたかというと、中国人留学生です。東大には年間八〇〇〇億円の税金が入っています。それなのに、中国人を優先的に入学させる一方で、防衛大学校の卒業生の入学を拒否するのか、私には理解できません。

百地　中国人は国から任務を与えられて留学していますよ。そんな人を入学させて、自衛官は拒否するのだから、本当におかしな話です。

櫻井　東大が頑なな姿勢を取るために、日本の頭脳がどんどん海外に流出しているという現実もあります。

たとえば以前、東大では数名の助教がロボットの研究を行っていました。しかし、ロボットは軍事転用される可能性があるという理由から、大学側から厳しい規制をかけられ続け、結局、この助教たちは東大を辞めて、二〇一二年に「ＳＣＨＡＦＴ（シャフト）」というベンチャー企業を立ち上げました。その後、この企業はものすごく優秀なロボットをつくったのですが、翌年には米グーグル社に買収されてしまいました。

米国防総省（国防高等研究計画局）主催のロボット開発のコンテストで最優秀賞を取るような頭脳が、いまは米企業の傘下に組み込まれてしまったのです。本来だったら、この企業の技術は我が国のものだったはずです。

このように、東大は大切な技術を海外に流出させるようなことを続けてきました。

百地　国際法には「平時国際法」と「戦時国際法」の二種類があります。しかし、東大法学部の国際法の講座では、戦後は戦時国際法の講義がなかったと言われています。

安保法制や集団的自衛権などは、もともとは戦時国際法に該当するものです。となると、東大出身の外交官や公務員、あるいは政治家などは、独学で勉強した人を除けば、大学では学んでいないことになります。
そのような状況なので、多くは戦時国際法のことがあまりよくわかっていません。

櫻井 それでは国際社会では通用しませんね。各国のトップクラスの大学を見ると、国家戦略をきちんと考えていて、戦略論、安全保障論などを教えています。しかし東大にはそれがない。それでは、国の安全保障をどのように担保するか、という戦略を考えるマインドも育ちません。

百地 東大には坂本義和さんという平和学の教授がいたくらいですから（笑）。

櫻井 でも平和を考えるためには……。

百地 軍事を知らなくてはなりません。

櫻井 日本では極めて断片的な部分しか教えていないということですね。

（二〇一五年六月二六日放送）

第４章

「自衛官のリスク」が利用された

佐藤正久×花田紀凱

佐藤正久（さとう・まさひさ）

参議院議員。昭和35年福島県生まれ。昭和58年防衛大学校（第27期・応用物理学）卒。陸上自衛隊第4普通科連隊（帯広）を経て、平成4年外務省アジア局出向。平成10年米陸軍指揮幕僚大学卒。ＰＫＯゴラン高原派遣輸送隊初代隊長、イラク先遣隊長、復興業務支援初代隊長等を歴任。平成19年参議院議員（自由民主党全国比例区）初当選。平成24年防衛大臣政務官に就任。平成25年参議院議員（同全国比例区）再選。「ヒゲの隊長」の愛称で知られる。

著書に『イラク自衛隊「戦闘記」』（講談社）、『ヒゲの隊長　絆の道　果たしたい約束がある』『高校生にも読んでほしい安全保障の授業』（共にワニブックス）、『ヒゲの隊長のリーダー論』（並木書房）など。

米陸軍指揮幕僚大学のつながり

花田 佐藤正久さんは参議院議員ですが、二〇〇四(平成一六)年の自衛隊イラク派遣での「ヒゲの隊長」としても有名です。元自衛官の立場から安保法制について伺いたい。

その前に、一つお伺いしたいのですが、なぜヒゲを生やしてらっしゃるのですか。

佐藤 実はイラク派遣の直前に伸ばし始めたのです。中東ではヒゲがあるのとないのとでは、つかみが違います。

たいがいの男性は、あごヒゲか口ヒゲを伸ばしています。そうすると、何となく親近感を抱いてもらえます。私の場合はしかも、中東っぽい顔をしているということで。

花田 確かに、少し濃いお顔ですね(笑)。

佐藤 ヒゲがあったほうが、より中東に近いわけです。

また、こういうこともあります。イラクの現場で交渉すると、向こうの人は「イエス」とは言わない。約束を破ってしまったら、場合によっては殺されてしまうという恐れがあるせいか、必ず「インシャラー」と言います。「神の思し召しのままに」と

花田紀凱

いう意味です。

つまり、神様の機嫌がよければ「イエス」だし、悪ければ「ノー」。自分の責任ではない。責任を負わないという生活の知恵というか、そういうものがある。

ただし、本当に大事な約束をする場合は、お互いに「いいか」と相手のヒゲを触り合います。これは男と男の堅い約束なのです。もしもそれを違えたら、殺されても文句はないというくらい堅い約束です。そういうこともあって、ヒゲを生やしたほうがいいと考えました。

ただ、なぜいまも伸ばしているか、は別の話で、当初はイラクへ派遣された隊員が全員、無事に日本へ帰ってくるまでは願掛けで

佐藤正久

伸ばそうということでした。

花田　野球や相撲などでも、願掛けはよくしますね。野村（克也）監督なんかも勝ったときはパンツをはきかえないとか（笑）。

佐藤　当初はそうだったのですが、帰国してからも、イラクの人がたくさん日本に来られます。そのときに私のヒゲを見ると、「佐藤はいまでもイラクを、サマワを忘れていない」と思うという。それならば当面は伸ばそうと思って、ここまで来ています。

花田　剃れなくなってしまったんですね（笑）。

佐藤　元衆院議員の笹川尭《たかし》先生は「佐藤のヒゲは国有財産だ」「俺がいいと言うまで剃っちゃ駄目だ」と言っておられます。

花田　手入れが大変なのではないですか。

佐藤　朝、少し剃るくらいですね。

花田　もう一つ、経歴を拝見すると、防衛大学校だけではなく、その後にアメリカの陸軍指揮幕僚大学を卒業したとのことですが、どういう大学なのですか。

佐藤　戦前の日本でいう陸軍大学校みたいなものです。

花田　陸軍士官学校や海軍兵学校とは違うのですか。

佐藤　違います。士官学校は士官になるための学校ですが、さらに上の中間管理職あたりを選抜して教える大学です。アメリカの陸軍から七〇〇～八〇〇人。海軍、空軍、予備役を合わせてだいたい三〇〇人で、合わせて一一〇〇人くらい。そして海外からの留学生が一〇〇人くらいですね。

私のときは、七二カ国から九〇人来ていて、日本からは私一人でした。アメリカにとって留学生は非常に大切な財産です。それぞれ、後に偉くなるような人を呼びますから、中には大統領になった者もいれば、国防大臣や参謀長になった者もいます。

後に偉くなったときにコミュニケーションがとりやすいということも考えて、特に発展途上国からの留学生は、アメリカが旅費も滞在費も担っています。そしてみんな、アメリカ・シンパになって帰っていく。

私がイラクに派遣されたときも、現地にはこの大学の同級生が何人かいました。バグダッドの司令部や、私がいた南部サマワの司令部などにもいた。クウェートにも同級生がいましたから、色々な面で非常に話が早かった。普通の人だと何日もかかることが、数時間ですみます。

花田　日本も今後、そういう仕組みを作る必要があるかもしれませんね。

佐藤　長期的投資としてよいと思います。

法律がなければ訓練もできない

花田　安保法制については国会議員の方でも、よくわからないという声がありました。

佐藤　やはり議員も勉強不足な面は否めません。安全保障に取り組んでも票に結びつかないので、日頃から勉強していない国会議員もいます。

私はいま（編集註／番組放送当時）、自民党の国防部会長を務めていますが、国防部会に参加する議員も決まってしまっています。それ以外の議員は出席しませんから、自分で勉強しない限りは知識も考えも深まらない。

しかし、国民から質問されて、「私もわからないんですよ」と答えてしまったら、国会議員は何をやっているのかという話になります。

ただ、今回の平和安全法制は、平時から有事、あるいはグレーゾーンまで、あらゆる事態に自衛隊として切れ目なく対処できるよう、隙間を埋めるための法整備です。幅が広い。しかも、現行では、様々な法律で隙間を埋めています。

となると、自分の頭の中で関連法を整理し、組み合わせて、「こういう場合はこうです」と説明できるようになるには、相当にしっかり勉強していないと無理です。

花田　となると、中谷元《げん》防衛大臣が説明にもたもたするのも仕方ないのでしょうか。かつては派閥の力が強く、若い議員もそこで鍛えられた。ところが小選挙区制その他で派閥の力が弱り、若い議員が総じて勉強不足。

佐藤　自衛隊が対処できることに、隙間、切れ目があってはならないという思いは共有されています。そのために、様々な法律を見直して動いているから、かなり広範囲な法整備が必要になっています。
しかし、そもそも危機管理をやっている人間からすると、これでも遅すぎるという認識があります。一九九二年のカンボジアを皮切りに始まった国連平和維持活動（PKO）への自衛隊の参加から、すでに二〇年以上が経過していますからね。「なぜ、いまなんだ」「拙速だ」という人たちは、この年月の長さをどう考えているのでしょうか。

安全保障の法整備の議論はいまに始まった話ではなく、拙速どころか遅すぎたくらいなのです。日本を取り巻く環境は、急に厳しくなったのではなく、以前からどんどん厳しくなっていたからです。法律がなければ、自衛隊は一歩も動けず、また、そうした環境の変化に対応するための訓練すらもできない。

花田　訓練すらできないという状況は、理解できない。訓練ナシでイザというとき、敵と戦わなければならない隊員たちが気の毒です。

佐藤　法律を作ったからといって、すぐに何でもできるようになるわけではありません。自衛隊の主力は、ついこの間まで高校生、大学生だった若者たちです。戦闘機や戦車、あるいは艦船を動かす現代戦において、彼らが一人前になるまでに一〇年はかかります。

法律がないのに訓練をしていたら「文民統制」を蔑《ないがし》ろにしていることになります

から、法律ができてやっと訓練が始まる。
それが、実際に運用できるようになるまでには、タイムラグがあります。事態を先取りして早めに法整備をしておかなければ、いざというときに日本を守れない。
花田 いま、一人前になるのに一〇年かかるとおっしゃいましたが、だから徴兵制なんかやるわけがないんです。法律ができたから、徴兵で隊員数を揃えたからといって、明日からすぐに活動できるわけではないですからね。
佐藤 「やれ」と言われてすぐにできたら、誰も苦労しません。そう考えると、早く法整備をして、さらに、それも状況に応じて見直すことが必要です。
状況によって法律に隙間、切れ目があったら、結局は国民の命が守れなかったり、隊員に無理をさせてしまう可能性があるからです。考えられる隙間を埋めようということで、一年半かけて自民党と公明党でずっと議論してきました。集団的自衛権についても、それほど行使する蓋然性は大きくないですよ。
花田 来るべき状況に、備えておこうということですね。
佐藤 しかも、限定的な集団的自衛権ですから。でも、そこの隙間、切れ目も埋めておかなければ、何かのときに自衛隊が動けない、国民の命が守れないということになります。

「必要最小限」は変化している

花田 憲法学者たちが唱えた違憲問題については、佐藤さんはどういう回答をなさいますか。

佐藤 そもそもいまの憲法で、自衛の措置を取ることに限界があることは、多くの人もわかっているのではないでしょうか。

ですから、まず自衛隊という存在が違憲か合憲かが問われるべきですが、「違憲だ」と言う人は、もうそこで議論が終わってしまいます。しかし、いまでは自衛隊が合憲だと思っている国民が多くを占めていますし、一五年一月に内閣府が行った世論調査によれば、国民の九二％が自衛隊に好印象を持っています。

日本を守るための必要最小限の実力行使は憲法が許すところであり、だから自衛隊は合憲だという論理です。

花田 憲法学者より、国民のほうが自衛隊の必要性について、理解しているのでしょう。憲法学者の多くは憲法のことしか知らない、いや考えない。

佐藤　では、自衛隊が合憲だという前提で、日本人を守るための必要最小限の実力組織による武力行使は、どこまで許されるのか。これは我が国を取り巻く環境によって変わります。

遡ること四〇年以上前の一九七二年、憲法九条の解釈をめぐる議論がありました。同年一〇月の参議院決算委員会で、当時の田中角栄内閣は内閣法制局の見解を元に、集団的自衛権の行使は憲法上許されないとする一方、国民の命や国の存立を守るための必要最小限の武力の行使は認められるとの見解を示したのです。

では、この「必要最小限」の上限はどこなのか。それは当然、周りの環境が厳しくなれば、必要最小限の武力行使の程度も、変わらざるを得ません。

花田　国民の命や国の存立を守るための「必要最小限」ですから、状況が変われば、「必要最小限」は変化しますね。

佐藤　ところが、これまで日本の政治はその点についてほとんど考えてきませんでした。「持たず、作らず、持ち込ませず」の「非核三原則」に加えて、日本は「考えもせず、議論もせず」のプラス二原則を無批判に受け入れてきたのです。

花田　最近でこそ言わなくなりましたが、野党は長年、自衛隊は違憲だと言っていたのですからね。

佐藤 しかし、状況は変わりました。北朝鮮の弾道ミサイル、中国の爆撃機も年々進化してきています。特に中国に対しては、領空侵犯に対する航空自衛隊のスクランブル（緊急発進）も急増しました。スクランブルは、全体の回数が一〇年前の七倍になっている。

中国は南シナ海で「軍事目的」の埋め立てまで行っている状況です。

また、日本周辺のみならず、中東ではアルジェリアの人質事件や、ＩＳＩＳによる人質殺害事件もありました。まさに脅威はグローバル化しているのです。

このように、日本を取り巻く環境が厳しくなり、「必要最小限」の範囲が四〇年以上前の憲法解釈のままでいいのかと考えたとき、やはりそこには隙間、切れ目があるわけです。

個別的自衛権で対応できない隙間

花田 一九七二年の憲法解釈では、前文や、すべての国民は生命、自由、幸福を追求する権利を持つという憲法一三条を踏まえて、「自国の平和と安全を維持しその存立を全うするために必要な自衛の措置をとることを禁じているとはとうてい解されない」とする一方、平和主義をその基本原則とする憲法であるから、「自衛のための措置を無制限に認めているとは解されない」、「必要最小限」とされています。

佐藤　七二年の憲法解釈では、「必要最小限」の武力行使の上限を、個別的自衛権の行使としていました。しかし、個別的自衛権は日本が攻撃されるか、日本が宣戦布告されないと発動できない。となると、いきなりミサイルでドーンと攻撃されたら、個別的自衛権を発動する暇もない場合もあります。

花田　自衛権を発動する暇もないほどの、大打撃を受けてしまう可能性がある。

佐藤　そうです。

たとえば、北朝鮮のミサイルについて考えると、北朝鮮と韓国の間で衝突が起きた場合、アメリカは韓国側に立って参戦し、イージス艦を日本海に展開します。その際、日本にはまだ直接戦火は及んでおらず、北朝鮮が日本に宣戦布告を行っていないとします。その状況下では、個別的自衛権の発動はできません。

さらに事態が進み、北朝鮮が日本にミサイルを飛ばした場合、展開しているアメリカのイージス艦が撃ち落とすことになる。その際、レーダーの範囲を絞ってミサイルに当て、弾道計算をしますが、イージス艦の脇はレーダーにかからずがら空きで、北朝鮮の戦闘機が近づいたとしても気づきません。そこを日本が支援するのがまさに、集団的自衛権です。

花田　日本を守っているアメリカのイージス艦を、日本が支援しないわけにはいきませんね。

佐藤　日本にはまだミサイルが落ちていないからといって、何もしなくていいのか、という話です。そして、このアメリカのイージス艦を守る行為は国際法上、集団的自衛権と言わざるを得ない。

　このとき、集団的自衛権が行使できなければ、それは「隙間」となります。だからこそ、集団的自衛権を認めなければならないのです。

花田　つまり、いままでは、必要があったとしても、北朝鮮に実際に攻撃される前に、日本がアメリカのイージス艦を守ることはできなかった。

佐藤　そうです。アメリカのイージス艦を守るという日本の行動は、七二年の憲法解釈のままであると「必要最小限」を超えます。しかし現実的には、それも「必要最小限」の中に入れておかなければ、国民の命が守れなくなる場合があるということです。

花田　ミサイルを空中で撃ち落とせるのはイージス艦だけということですが、いま、自衛隊にミサイル防衛が可能なイージス艦は四隻しかなく、実際に稼働しているのは二隻か三隻だそうですね。

佐藤　そうです。一隻か二隻は常に整備に入っています。

艦船とは、そういうものなのです。だからイージス艦を運用するといっても、日本全土をカバーするためには三隻は必要なのですが、数が足りない場合がある。

一方で、横須賀にあるアメリカの第七艦隊にはイージス艦が五隻あります。ですから、アメリカの五隻と日本の四隻が一緒になって連携して、二重三重の盾をつくったほうがいいわけです。

北朝鮮のノドンという弾道ミサイルは、残念ながら地上でたたくことはできない。トラックに載せて移動して発射できる構造ですから。

花田　どこから発射されるか、わからないわけですからね。

佐藤　わからない。となると、日本とアメリカが連携して、二重三重でたたいたほうがいいに決まっています。しかし、そういうときに集団的自衛権でお互いに守り合う形がなければ、場合によっては日本人を守れません。

両国で連携して、「平時」「グレーゾーン」「有事」まで切れ目なく守り合う形を取っておいたほうが、国民も安心だし、少々の攻撃では効果がないと相手が考える抑止力が高まる。すると、国民のリスクも自衛官のリスクも下がると言えます。

「超法規的措置」を現場に押しつけてきた

花田　そもそも、俺がやられたときは守ってくれ、お前がやられたときは知らないよというのは、普通に考えたらおかしいですよね。

佐藤　それは自衛隊の現場で辛いところでした。ＰＫＯのときも、現場に駆けつけて警護する、いわゆる「駆けつけ警護」ができなかったことがありました。

二〇〇二年から行われた東ティモールでのＰＫＯで、こういうことがありました。日本人のレストラン経営者から、「近くで暴動が起きている。助けてくれ」と自衛隊に連絡がありました。しかし、駆けつけ警護は当時、認められていなかった。

法律上は助けることができなかったとしても、自衛隊が「助けない」という選択肢はありません。そこでどうしたか。「たまたま」休暇で外出している隊員を迎えにいくという名目で車を出し、座席に余裕があるから「たまたま」遭遇した経営者も乗せてくると、とんちのような論理を現場が組み立てて、邦人保護に当たったのです。

本来、政治は現場に無理をさせてはいけない。迷わせてもいけない。しかし、いままでは「超法規的措置」となる可能性のある判断までも現場に押しつけてきたわけです。

自衛隊がこれまでの海外派遣で任務中に一人の命も落とさずに活動できたのは、「停戦合意の成立」などの「ＰＫＯ参加五原則」や、憲法九条のおかげではありません。

手足を縛られた状態で、指揮官たちは派遣現場で、必死に自分たちが許される範囲内の知恵を使って情報を取り、リスクを軽減してきた。だから幸運にも犠牲者が出なかったまでの話です。

花田 手足を縛られているわけですから、他国ならできることもできず、大変危険な状況の中で、大きな事故がなかったのは奇跡的だと思います。

佐藤 今回の安保法制で、駆けつけ警護が認められるなど、ようやく任務と権限の隔たりを狭める法整備をすることができました。そうでなければ、仲間が襲われていても、自衛隊は助けに行けない。しかし、自衛隊がやられたら同盟国は助けに来てくれる。

　これは現場で、ものすごく精神的な負荷になります。同盟には、信頼関係が大事です。信頼関係とは、やはりいざというときにお互い守り合うということです。その部分の危機感を共有できない相手では、やはり信頼関係は生まれにくいのです。

“憲法違反”の我々にも意地と誇りがある

花田　イラク戦争の際も、そういうケースがありましたよね。
佐藤　はい。私たちが派遣された〇四年四月に、ペルシャ湾で日本のタンカー「高鈴《たかすず》」が武装勢力に襲われたことがありました。そのときに守ってくれたのは、アメリカの海軍と沿岸警備隊でした。「高鈴」は若干被弾しましたが、乗組員は全員無事でした。結果として、間に入って守ってくれた米海軍の二名、米沿岸警備隊一名、合計三名のアメリカの若者が命を落としたのです。
　彼らにも奥さんがいたし、小さなお子さんもいました。しかし、そのときに彼らは「同じ活動をやっている仲間を助けるのは当たり前だ」と言いました。

近年では、日本向けの石油の輸送用タンカーには外国人が乗っていることが多く、「高鈴」も日本人の乗組員はいませんでした。それでもアメリカは、日本のタンカーを仲間だと思ってくれていたのです。仲間である日本の一員だというわけです。

それは当時、海上自衛隊がインド洋でアメリカの軍艦に給油支援をし、クウェートで陸自も空自も汗を流していたからです。

これが、同じ現場で、危機を共有していることの意味です。

しかし、第一次安倍政権だった〇七年、参院選で自民党が大敗したことで民主党が参院の第一党となる衆参の「ねじれ」が生じ、法案が参院で通らなくなりました。当時の小沢民主党は「インド洋での給油は憲法違反」としてテロ対策特措法の延長に賛成せず、法律は失効しました。海自の給油支援は残念ながら中断し、帰国を余儀なくされたのです。

それで、現場の雰囲気は、がらっと変わりました。「日本の油を守るためにアメリカの若者が命を落としているのに、日本人は国内の事情で帰るのか」というわけです。

英フィナンシャル・タイムズは一面で、〈「武士道ではない。臆病者だ」〉（〇七年九月一三日）とまで書きました。イラクでの雰囲気も同じでした。「日本とは、そういう国なのか」と。

花田　これは、現場は辛いですね。新聞各社は当然、特派員を送っているはずなのに、なぜそういうことを報じないのか。

佐藤　色々なことを言われましたよ。

結局、翌〇八年、参院で否決された新テロ特措法が衆院で再可決、成立し、給油支援が再開されることになりました。

海自にもう一度、行ってもらうというときに、横須賀から出発する海自の司令官は、政治家やご家族、マスメディアが見ている前で、驚くべき挨拶をしたのです。

「憲法違反と言われた我々にも意地と誇りがあります。日本のために汗を流して参ります」

私は涙があふれそうになりました。

現役の自衛官が公の場でこのような発言をするのは、極めて異例のことです。各国との信頼関係で行ってきた活動が、民主党から「憲法違反だ」と言われて中断し、まさに同じ活動をやっていた、助けてもらった仲間に背を向けて帰らなければならなかった。この気持ちは、相当なものだったはずです。

だからこそ、再びインド洋へ向かうときの、司令官のあの言葉になったのでしょう。

花田　よくぞ、言われましたね。いま聞いていても泣けてきます。

佐藤　自衛官というのは、守るべきもののために汗を流す気持ちを常に持っています。それは国民であり、国家であり、同盟国の信頼というものです。同盟国の信頼も、非常に大事な価値観としてあります。価値観が共有できない同盟は、どうしても弱くなるものだからです。

ネガティブリスト的な思想に変わった

花田　「駆けつけ警護」のほかに、「後方支援」もわかりにくいところです。

佐藤　後方支援については、非常に荒っぽい議論が展開されました。後方支援をしたら、「危ない」「狙われる」と言われますが、実際に自衛隊が後方支援を行うのは、「後方支援活動等を実施する区域（実施区域）」のみです。戦闘が行われていない場所の一部を「実施区域」とし、その中でしか活動しません。これは、いままでも、これからも変わりません。

これまでは「戦闘地域」「非戦闘地域」という概念を使っていました。非戦闘地域は、最初から最後まで戦闘が起きない地域を指し、その中から自衛隊の活動地域を選んで「実施区域」としていたのです。

これはあくまで憲法上の整理であり、いわば文言上、武力行使の一体化によって憲法九条違反となるのを防ぐために官僚が考え出した概念。現実とは違います。

どこまでが非戦闘地域で、どこからが戦闘地域なのか。現場ではこの線引きは非常に困難です。また、自衛隊の活動中、「最初から最後まで絶対に戦闘が起きない」などと、いったい誰が決められるのか。およそ現実的ではありませんし、むしろ、そのしわ寄せを現場がこうむることになります。

花田　机上の空論ですよね。

佐藤　私が派遣されたサマワでも、非戦闘地域と言いながら、そこにロケット弾が飛んできたり、街中ではオランダ兵が手榴弾で殺害されたりしました。自衛隊の活動地域近くで自動車爆破テロが起きるなど、周囲には危険が及んでいました。

マスメディアの方々は、「サマワは戦闘が起きて人が死んでいるではないか」「戦闘地域ではないのか」「境目はどこですか」などと訊いてきました。でも、戦闘地域と非戦闘地域の境目など、あるわけがない。当時の小泉純一郎総理は「自衛隊の活動している地域は非戦闘地域です」という「迷答弁」をしましたが、これでは現場はどうしようもありません。

花田　現実との乖離があるからどうしようもなくて、「自衛隊の活動している地域は非戦闘地域」と答弁したのでしょうけれども、それでは自衛官が危険ですね。

佐藤　そこで今回は、現場の判断で柔軟性をもって対処できるように整理した。「現に戦闘が起きているところではやらない。それ以外の地域から安全性や活動の円滑さを考慮して自衛隊の実施区域を選ぶ」としたのです。

これまで「非戦闘地域でのみ活動できる」とポジティブリスト的に考えられていたのが、「戦闘地域では活動できない」とネガティブリスト的な思想に初めて変わった。しかし、これでも国際的な軍の常識にほんの少し近づいたにすぎません。

言うまでもないことですが、「非戦闘地域」という文言を「現在、戦闘が行われていない地域」と変えたからといって、戦闘地域の真後ろや真横で自衛隊が活動するわけではありません。

「後方支援」の実施区域

花田　後方支援の概念図を見るとわかりやすいですね（一六五ページの図参照）。

佐藤　概念図を見ていただければわかるように、自衛隊が行うのは「セカンドラインサポート」と呼んでいる部分で、あくまでも実施区域内のA地点からB地点までの輸送・補給のみを行います。

B地点には米軍なら米軍の輸送部隊が待ち受けていて、そこから戦闘地域に近いC、D、E地点に米軍が運ぶ。こちらは「ファーストライン」といって、厳密に分けられています。自衛隊が行う「物資の輸送・補給」を、この「ファーストライン」と勘違いしているのではないか

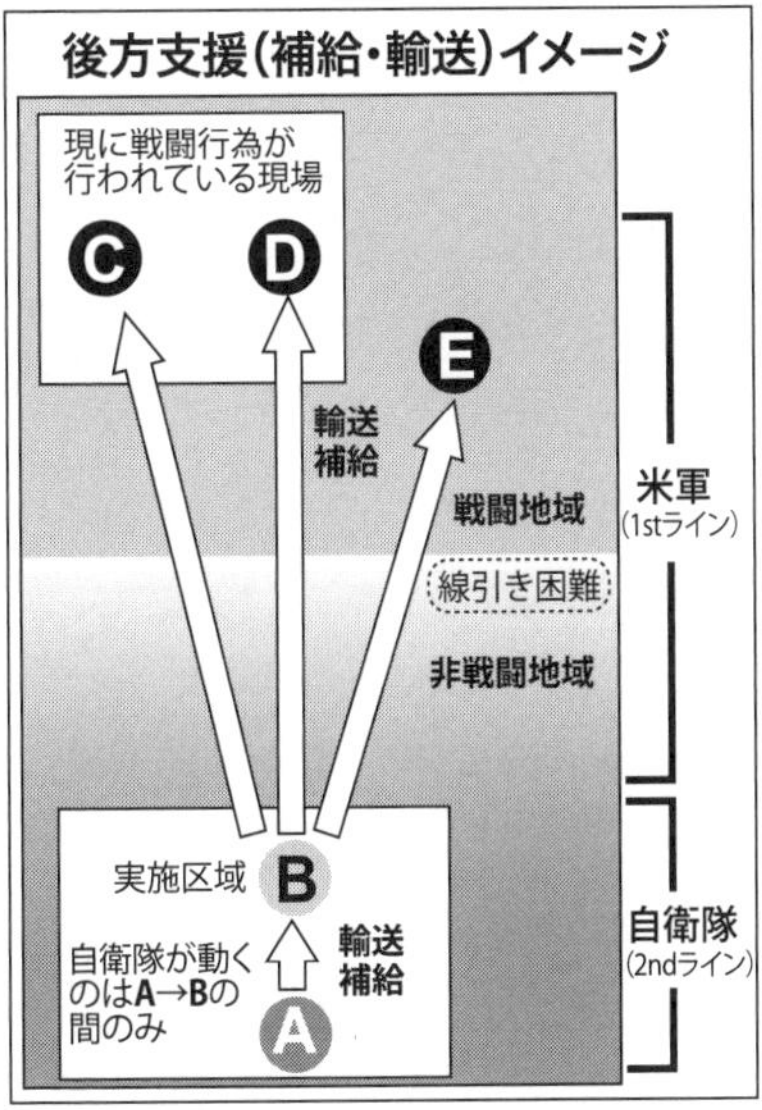

後方支援のイメージ

と思われる議論もあります。

こうした役割分担は、ＡＯＲ（エリア・オブ・リスポンシビリティ、作戦区域）の設定ともかかわっています。作戦区域は、「ここまでが米軍」「ここまでが自衛隊」というように、一応目安で分けるのです。作戦区域が混交してしまうと、指揮が混乱してしまうためです。

だから、たとえばイラク派遣で言えば、Ａ地点であるクウェートの空軍基地から、Ｂ地点であるイラクのバグダッド空港やアルサラム空港まで自衛隊が運ぶ。そこから先のＣ、Ｄ、Ｅ地点は米軍の部隊が運ぶのです。そうでないと、作戦区域が混交してしまうからです。

後方支援の実施区域とは、このようなことまで考えて選ばれます。ですから、反対する人が言うように、「戦闘地域」と「非戦闘地域」の概念をやめたから、いきなり「危険である」「実施区域が戦闘現場に近づく」というのは、乱暴な議論です。

花田　実施区域といっても、ケースバイケースだからわからないわけですね。

佐藤　たとえば後方支援を陸海空で行った場合、空だと、いま申し上げたように空港から空港に運ぶイメージで、そこから先は米軍が運ぶ。海の場合はどうかと言えば、洋上ですから、海の場合も戦闘現場から離れている場合が多い。では陸の場合はどうか。一番問題なのは陸です。陸の支援を、本当にイラク国内でやる場合もあるかもしれない。そのときは安全性を考えてやりますが、場合によってはイラク国内ではなくて、隣のクウェートやサウジアラビアで後方支援する場合も考えられます。それも同じ後方支援です。でも、法律ではそこまで書かない。

安倍総理が何回も言われているように、実施区域は自衛隊の任務の円滑化や安全性、場合によっては、その撤収の容易性まで考えて選ぶものです。

一〇決めても一〇動くわけではない

花田　後方支援の実施を「危険だ」と言う人は、前線で戦う米軍と自衛隊が入り乱れて地べたを這いずり回り、武力行使に及ぶかのような「肉弾戦」の状況を思い描いているのではないでしょうか。

佐藤　それはフィクションの世界ですよ。陸上幕僚監部がそのような任務を許すはずがありません。

花田　そう説明しても、民主党の枝野幸男幹事長などは「兵站《へいたん》こそ狙われる」「糧道を断つのが戦争の常道だ」という論理を持ち出しますよね。

佐藤 確かに、大きな戦争の常道ではあるでしょう。しかし、前線を通り越して、後方にいる自衛隊をたたく能力を持つような相手との戦闘になる可能性は、ほぼないと言っていい。

法律上は、陸上、洋上、空輸などすべての支援ができる体制にしていますが、どの支援を行うかは、やはり状況次第なのです。

法律上、隣国での兵站支援など、陸上支援もできるような文言にしておかなければ、必要がある際に何もできなくなる。誤解している人が多いようですが、法律で「必要最小限」の上限を定めたからといって、常に最大限の支援を行うわけではありません。

花田 一〇のところまで決めたから、一〇までやるわけではないのですね。八かもしれないし、六かもしれないし、そのときによって違う。

佐藤 でも、一〇まで埋めておかないと、自衛隊は動けません。今回の安保法制で最もわかりにくいのはこの点で、憲法上、法律上、許される最大限の範囲と、運用政策面での議論が混在してしまっているのです。法律上、できる限界を一〇だと制定したからといって、常に限界まで自衛隊が動くわけではない。八やるのか、六やるのかは、時の政府の判断です。

花田　そういう事態になったときに何もできないのでは困るから、一応、一〇まで動けるように法整備しておくという話ですね。

佐藤　そうです。何が何でも自衛隊は一〇やると思っている人もいますが、それは政策判断なのですよ。そのときのニーズや日本の国益、自衛隊の能力や状況を考えて、どこまでやるかを決めるわけです。

花田　「周辺事態」を「重要影響事態」と言い換え、地理要件をなくしたことで、「日本の周辺だけだったものが世界規模になった。地球の反対側まで戦争をしに行けるようになった」などという批判もありますね。

佐藤　これも非常におかしな議論で、危機管理上の必要があれば、地球の反対側であっても行くのは当然です。世界のあちこちでテロが起きている昨今、仮に中東で日本人が人質になった場合、そのような批判をしている人たちは、自衛隊が助けに行かなくてもいいというのでしょうか。

そのときに、行く、行かないは時の政府の判断になりますが、行けるようにしておかなければ、何かあったときに身動きが取れなくなってしまいます。日本国民の命と安全を守るため、必要があればどこへでも行く。それが自衛隊の使命です。

現場を知らない、行ったこともない人たちが、机上の空論で議論するから、話が現実とかけ離れてしまう。これまでも現場を踏まえない、観念的な議論に自衛隊は悩まされてきました。憲法九条の解釈に過敏になり、政治が現場の柔軟性を奪い、自衛官の手足を縛ってきたのです。

「パパは帰ってこなかった」への怒り

花田　野党は今回、「自衛官のリスク」を声高に言います。新聞やテレビもこれまで批判してばかりだったのに、急に「自衛官」のリスクを心配する。佐藤さんも元自衛官として、腹立たしい思いだったのではないでしょうか。

佐藤　いままで自衛隊に対してあまりよく言わなかった、自衛隊の手足を縛ってきた人や政党が、声高に自衛隊のことを心配してくれて、「自衛官のリスク」と言っていますね。

花田　おためごかしもいいところ。

佐藤 一四年七月、集団的自衛権の限定行使容認を閣議決定したときに、社民党が「あの日から、パパは帰ってこなかった」というポスターを作りました。

花田 子供を使って、実にいやらしいポスターでしたね。

佐藤 私は怒りを感じました。「自衛官のリスク」を使って国民の不安を煽り、「戦争法案」とレッテル貼りをして、安保法制に反対するためのイメージキャンペーンを図ったのです。

五五年体制のころにも、逆説的に「社会党が自衛隊を守っている」などとよく言われたものです。「自衛隊は外に出ず、駐屯地や演習場内で訓練だけしていればいい」というのが社会党の言い分でした。

花田 そうでしたね。だから阪神淡路大震災のとき、時の村山（富市）総理は自衛隊出動要請が素早くできなかった。

佐藤 その後、国際情勢、国内情勢は大きく変化し、海外のＰＫＯ、災害派遣など、自衛隊が「運用して評価される時代」に変わってくると、自衛隊の活動に支障が出るほどの「縛り」をかけてきた。その人たちが今度は「リスク」を持ち出して、自衛隊を縛ろうというのです。

元陸将で帝京大学名誉教授の志方俊之さんが産経新聞の「正論」欄にこう書いていました。

〈今回の国会審議を見て、筆者は「良い時代」が来たものだと思う。今の自衛官は本当に幸せ者だ。野党のお歴々が現地の自衛官のリスクが大きくなり、場合によっては死者が出るかもしれないと心配してくれる。大いに心配して、現地の自衛隊が戸惑わないような法律にしてほしいものだ〉（二〇一五年六月二日）

非常に皮肉が効いています。元自衛官の経験から言えば、自衛官の任務でリスクを伴わないものはありません。海外派遣であろうと国内の災害派遣であろうと、多かれ少なかれ、やはりリスクはあるのです。

花田　入隊に当たって「事に臨んでは危険を顧みず、身をもって責務の完遂に務め」と宣誓し、リスクを承知で任務についている自衛官に失礼ですよ。

佐藤　国家、国民のリスクを下げるために、自衛隊がリスクを背負う場合はあるのです。そうであれば、政治はその自衛官のリスクをできるだけ最小化する努力をしなければなりません。

花田　安倍総理が、自衛官のリスクは増えるかもしれないが、国民のリスクは減ると答えていましたね。あの言葉に尽きる。

佐藤 いままでも、法律の枠内で、現地の指揮官が様々な条件や状況を考慮しながら部隊の士気を高め、団結を強めて、リスク軽減に努めてきました。

新たな任務が増えれば、当然リスクは高まります。しかし「リスクがある」「高まる」からといって、やらなくていいのかと言えば、そんなことはない。自衛隊のみならず、警察や消防、海上保安庁でも、任務とはそういうものです。ですから、国会の議論では、実態や本質とかけ離れた応酬がなされたとしか思えません。

今回の安保法制は、日本の安全と平和を守るためのものであり、自衛官がリスクを負うことで国民のリスクを軽減する。そして自衛官も現場でできるだけリスクを軽減することに努める。どこの国でも行っている、ごく当たり前のことを当たり前にできるようにするための法整備なのです。

現場で隊員がしっかり動けるような柔軟性を持たせる法律を定めるのが政治の仕事であり、本質的な議論をすべきです。

「自衛官をなめるなよ」

花田　リスク論との関係で、インド洋やイラクへ派遣された隊員の自殺者数が発表されました。野党はあえて「犠牲者」という言い方をしましたね。

佐藤　派遣中の現場の努力などもあり、全員が任務を遂行して無事に帰ってきましたが、帰国後、一一年の間に様々な要因から自ら命を絶った方が五四人いらっしゃった。この数字が、独り歩きしました。

五四人の中で、実際に公務災害認定を受けたのは四人。また、派遣された隊員のうちの五四人という割合は、一般の自衛隊員の自殺死亡率と比べて、実は、低いというのもまた事実です。

派遣後、一一年の間に、様々な要因から、不幸にも自ら命を絶たれた人までを「犠牲者」として、あたかもイラクやインド洋への派遣と自殺に因果関係があったかのように結びつけ、レッテルを貼る。派遣が原因であるかのように印象づけようとしているのです。

実際に現場へ行かない人たちが、実態からかけ離れたうわべの話だけで、あたかも自衛官の身を案じているかのようにリスクを論じている様子を、多くの自衛官は冷めた目で見ているのではないでしょうか。

私は福島県の出身です。一一年の東日本大震災の災害派遣のとき、三名の自衛官が亡くなりました。イラクでは亡くなっていませんが、あの震災の災害派遣では三名が亡くなった。非常に厳しい災害派遣だったためです。不眠不休でした。持病を持っている人もいました。イラクの場合は、どちらかというと健康な隊員を選んで行きましたが、震災の際はその余裕すらありませんでした。

被災地でずっと任務が続いていたので、上司から「一日だけ自分の家に帰って、少し休みなさい」と言われて帰ったある自衛官は、奥さんから「あなた、あまり無理をしないでね」「ちゃんと無事に帰ってきてね」と言われた。その自衛官は何と言ったか。

「馬鹿野郎！　自衛官をなめるなよ。あの厳しい訓練に比べれば、まだまだだ」

こう言ったのです。被災者のために汗を流すんだと。

これが自衛隊の一つの本質なのです。

花田　困ったな。また涙が出てきた。

佐藤　「あの厳しい訓練に比べれば、まだまだだ」というのは、自衛隊が国防のために、これでもかというくらい厳しい訓練をしているから言える。災害派遣で目の前で苦しんでいる人のために、勝負できるのです。

たとえ仲間が亡くなったときでも、守るべき人がいる以上、救うべき人が待つ以上、自己犠牲の精神で活動するのが自衛官なのです。

現場を知らずリスクを語るな

花田 佐藤さんは、今回の国会論議で一つ抜けていたのが、自衛官の名誉と処遇に関する部分だったと指摘されていますね。

佐藤 今回、改正自衛隊法でようやく国外犯規定が制定されますが、いままでの自衛隊は国外犯規定がなく、悪いことをしても捕まらず、刑事罰もない状態でした。任務が増え、活動地域が広がって国外犯規定が定まったのであれば、同時に自衛官の名誉、栄典、処遇についても議論が必要です。

花田 これも佐藤さんの指摘で初めて知ったことですが、もし万一のことがあったとき、「賞恤金《しょうじゅつきん》(弔慰金)」は消防士が九〇〇〇万円なのに対し、自衛官は六〇〇〇万円だそうですね。なぜ、そこまで差があるのですか?

佐藤　弔慰金は、消防士のように地方公務員のほうが高額になる傾向があるためですが、腑に落ちないでしょう。

花田　任務の重さは変わらないはずなのに。

佐藤　私は国会で取り上げたこともありますが、今後、議論する必要があります。自衛隊自身はなかなか言いづらいでしょうが、こういった環境を整えるのは政治の責任です。

花田　万が一ですが、死者が出た場合のことも考えておかなければなりませんね。

佐藤　私がイラクに派遣されたときに確認したのですが、万が一、イラクで命を落とすことがあった場合、希望すれば――あくまで希望ですよ――、靖国神社に祀ってもらえるのですかと訊いたら、「無理です」と言われました。

理由は「戦死ではないから」ということでした。

あくまでもイラクでの任務は人道復興支援であり、武力の行使ではないから、不慮のことがあっても「戦死」とは言わない。だから厚生労働省から靖国神社へ名簿が行くことはないということでした。家族が希望したとしても、それはないとの返答でした。

実際、あのときは、初めて自衛隊が危険な地域へ赴くということで、マスメディアの多くも、「多数の自衛隊員が犠牲になる」といった論調でした。当時は旭川の部隊が主体でしたが、一月の派遣でしたから、すごく寒かった。

でも真冬の旭川で、朝五時から、部隊の前の護国神社にずっとお参りをしている家族もいらっしゃった。派遣隊の中には、遺書を書いた人もいましたし、中には、自分の遺体が五体満足で帰ってこないかもしれないということで、桐の骨箱を自分で作って、髪の毛や爪を切って入れた隊員もいました。お父さんがいるという前提で、三食ずっと陰膳をした家族もありました。

これが現場なのです。自衛隊というのはいままでも、これからも、任務にリスクはあるのです。それを国民世論を動かす材料に使ってほしくありません。

花田 自衛官の気持ちになれば、ひどい話だということがよくわかりました。

佐藤 仮に、派遣先で命を落としても、米軍のように棺を国旗で包んで帰国することもありません。これで自衛官、自衛隊の名誉は守られるでしょうか。

私はいまも携帯していますが、自衛隊に入隊する際、次のような宣誓を行います。

〈私は、我が国の平和と独立を守る自衛隊の使命を自覚し、日本国憲法及び法令を遵守《じゅんしゅ》し、一致団結、厳正な規律を保持し、常に徳操を養い、人格を尊重し、心身を鍛え、技能を磨き、政治的活動に関与せず、強い責任感をもって専心職務の遂行に当たり、事に臨んでは危険を顧みず、身をもって責務の完遂に務め、もって国民の負託にこたえることを誓います〉

自衛官は、このような覚悟をもって国の独立と平和、国民の安全を守る。机上の空論では、リアリスティックな軍事の問題を論じることはできません。自衛官のリスクを政争の具にするのはやめるべきです。

（二〇一五年七月三日放送）

第5章

自分の意見を刷り込むメディア

永栄潔×花田紀凱

永栄潔（ながえ・きよし）
元朝日新聞記者。昭和22（1947）年生まれ。慶應義塾大学経済学部卒業。1971年朝日新聞社入社。支局勤務を経て大阪・東京各経済部員。『週刊朝日』『月刊Asahi』『論座』の各副編集長、出版局編集委員、『AERA』スタッフライター、出版企画室マネジャー、『大学ランキング』『週刊20世紀』各編集長、総合研究本部主任研究員など歴任。現在、國學院大学および千葉経済短大非常勤講師。近著『ブンヤ暮らし三十六年　回想の朝日新聞』（草思社）で第14回新潮ドキュメント賞受賞。

「私たちは怒っている」に怒っている

花田　永栄潔さんは朝日新聞の敏腕記者で、二〇一五（平成二七）年に『ブンヤ暮らし三十六年　回想の朝日新聞』（草思社）を上梓されて、第一四回新潮ドキュメント賞を受賞しました。出てすぐに私も読みましたが、じつに面白かった。朝日ＯＢの書く回想録は、特に批判的な回想録は、個人的怨恨が鼻につくところがある。しかし、この永栄さんの本にはそういうところが一切ない。一読、爽やかです。永栄さんの人柄でしょう。

その永栄さんは、ジャーナリスト六人が高市早苗総務大臣の国会答弁に抗議して開いた「私たちは怒っている」会見について、怒っていると。

永栄　率直に言って、違和感があります。会見の模様は、録音から起こされたものをネットで読んだだけですが、田原さんらは「権力の介入」を言いながら、いつ、誰から、誰に対して、こういうことが行われたと、具体的な事実を一つも挙げていませんよね。何のための会見かと思いました。

花田　会見は、二〇一六年二月二九日、『朝まで生テレビ！』（テレビ朝日）の司会者である田原総一朗氏や『ＮＥＷＳ23』（ＴＢＳ）のアンカーである岸井成格《しげただ》氏、『報道

花田紀凱

特集』（TBS）キャスターでTBSテレビの執行役員である金平茂紀氏（一六年三月末退任）らジャーナリスト六人（他に、青木理氏、大谷昭宏氏、鳥越俊太郎氏）が開きました。「私たちは怒っています！」と横断幕を掲げて、声明を発表したわけです。

彼らは何に怒っているか。それは、一六年二月八日の衆議院予算委員会での、民主党議員の質問に対する高市総務大臣の答弁がきっかけです。

民主党の奥野総一郎議員が、放送法について繰り返し質問する中で、〈ここで明確に否定していただきたいんですけれども、この放送法の一七四条の業務停止や電波法七六条についてはこうした四条の違反についても使わ

永栄潔

ないということで、今、もう一度明確に御発言いただきたいんですが〉と聞いた。

それに対して高市総務相はこう述べたわけです。

〈それはあくまでも法律であり、第四条も、これも民主党政権時代から国会答弁で、単なる倫理規定ではなく法規範性を持つものという位置づけで、しかも電波法も引きながら答弁をしてくださっております。

どんなに放送事業者が極端なことをしても、仮に、それに対して改善をしていただきたいという要請、あくまでも行政指導というのは要請になりますけれども、そういったことをしたとしても全く改善されない、（中略）繰り返されるという場合に、全くそれに対して何の対応もしないということをここでお約束するわけにはまいりません。

ほぼ、そこまで極端な、電波の停止に至るような対応を放送局がされるとも考えておりませんけれども、法律というのは、やはり法秩序というものをしっかりと守る、違反した場合には罰則規定も用意されていることによって実効性を担保すると考えておりますので、全く将来にわたってそれがあり得ないということは断言できません〉〈先ほどの、電波の停止は絶対しない、私のときにするとは思いませんけれども、ただ、将来にわたって、よっぽど極端な例、放送法の、それも法規範性があるというものについて全く遵守《じゅんしゅ》しない、何度行政の方から要請をしても全く遵守しないという場合に、その可能性が全くないとは言えません。（中略）実際にそれが使われるか使われないかは、事実に照らして、そのときの大臣が判断をするということになるかと思います〉（以上、二〇一六年二月八日衆院予算委員会議事録）

まったく真っ当な答弁ですよ。これに対して、政治権力の報道、放送への介入だと怒っているのです。

目の前で否定された自粛降板説

永栄　とりわけ違和感があったのが、田原さんと岸井さんの発言でした。

田原さんは、「高市発言を受けるかのように、一六年の三月いっぱいで、岸井さんが『ＮＥＷＳ23』を辞める。『報道ステーション』の古舘伊知郎さんも辞める。ＮＨＫの国谷裕子《くにやひろこ》さんも『クローズアップ現代』を降りる。今日ここにはいないけれども、田勢《たせ》康弘さんの番組（テレビ東京系列の『週刊ニュース新書』）も終わる」「軌を一にして、骨のあるＭＣ（番組司会者）、コメンテーターが辞める。まるで高市発言をテレビ局が受け取って、自粛した行動になりかねない。こんなものは撥ね返して、高市さんに恥ずかしい思いをさせなきゃいけない」と話されたという。

でも、その田原さんの脇で、岸井さんはどう言ったか。

彼は「はっきり申し上げて、私個人は、まったく圧力に屈したとは思ってない。うそ偽りなくね。もしそんなのがあれば、番組の中で言っちゃいます」「具体的に私に言ってくる人も誰もいませんでした」と語っている。しかも、「（自身に関して降ろされたとかではなく）すべての番組の枠を超えて『スペシャルコメンテーター』として、発信していく。恐らくテレビ界初の肩書じゃないか」とまで言っている。

田原さんが言ったことを、岸井さん自身が目の前で否定している。

そうであれば田原さんは、「岸井くん、ぼくが君から聞いた話と違うじゃないか。なぜそのようなことを言うのだ。人を馬鹿にするのもいい加減にしろ」と言わなきゃおかしい。あるいは「そうなのか」と、岸井さんの発言を受けて、会見場の記者たちに、「国谷さん降板の件については留保するが、岸井さんが降ろされたかのように先ほど言ったのは間違っていた。取り消す」と訂正すべきでしょう。古舘さんもインタビューでは、「一年越しでようやく念願（降板）が適った」みたいな話をされている。ベテランのジャーナリストたちがテレビのニュース番組に対する政府の介入という大きな問題を取り上げていながら、非常にいい加減だと、私は感じました。

花田　岸井さん、古舘さん、クロ現の国谷さん、辞めた事情はそれぞれ違う。だいたい田原さんは、岸井さんのその発言のとき、途中退席でいなかったらしいですね。

永栄　そうなんですか。それなら、田原さんに失礼なことを言ってしまった。ただそうであれば、岸井さんは「私の場合は違う」と、田原発言を遮ってでも言うべきでした。

花田　岸井さんが降ろされたわけではないならば、いったい何を懸念しているのかわからないですから、ご指摘の通りですね。

永栄　それからあの会見では、鳥越さんが「『日本会議』という右翼的な団体があって、そこからお金が出て、産経と読売に意見広告を出しているということはある程度分かってきている」と「放送法遵守を求める視聴者の会」について言っておられたけれど、日本会議は「そのような事実はない」と否定しているんですね。

花田　日本会議は訂正を求めましたよね。そのような事実はないと思います。日本会議は過大評価されている、と言ったら失礼ですが、選挙のときなどに多くの政治家が応援団として「日本会議」と名は連ねますので、力があるように思われるのでしょう。

永栄　会見の席で出た具体的事実は、日本会議という団体による資金提供の話くらいなのに、その根拠があやふやではどうしようもない。

花田　公の場で、記者会見で、根拠がないことを発言するのは、それこそジャーナリストとしていかがなものかと思います。

自分の意見を刷り込んでいる

永栄　岸井さんらの会見録を読んでいて、昔、見ていた『ＪＮＮニュースコープ』

（ＴＢＳ）の古谷綱正《ふるやつなまさ》さんや入江徳郎《いりえとくろう》さんを思い出していました。古谷さんも入江さんも実に抑制的だった。

花田　懐かしい名前ですね。あの人たちの放送はじつに淡々とニュースを伝えていた。

永栄　高校、大学の頃、いつも見ていました。

花田　古谷さんは毎日新聞の記者を長くやられて、論説委員となり、毎日のコラム「余録」を書かれた。その後、キャスターを務められました。入江さんは朝日の論説委員で「天声人語」を執筆。その後にキャスターですね。当時の論説委員にはそれなりの風格があった。

永栄　古谷さんは一九三三年の滝川事件（編集註／京都帝国大学法学部の滝川幸辰《たきかわゆきとき》教授の著書『刑法読本』が危険思想として発行禁止処分にされ、滝川教授も文部省から休職処分を受けた）のとき、京大で起きた反対闘争の中心にいた方なんですね。その古谷さんでも、テレビでの語り口は穏やかで抑制的でした。

花田　感情的になったのを見た記憶がない。

永栄　古谷さんの前にキャスターをされていた田英夫《でんひでお》さん（社会党など所属の元参議院

議員。元共同通信社記者）も思いはいろいろあったでしょうが、番組の中では、対立する双方の意見を伝えていた。

田さんや古谷さんがニュースを伝えるときの口調や表情から、敏感な視聴者は左派的なものを感じることがあったかもしれませんが、考えを何か押し付けられているという息苦しさは、私の場合、ありませんでした。櫻井よしこさんがキャスターをされていた『ＮＮＮきょうの出来事』（日本テレビ）もよく視聴していましたが、いまの櫻井さんからは考えられないと言ったら失礼ですが、非常にフェアで、好きな番組でした。

花田　いまもフェアですよ（笑）。いまは、言論人ですから、民放のキャスターとは立場が違いますが。

永栄　そうですね。言おうとしたのは、櫻井さんははっきりした主張をお持ちだっただろうに、ある問題で意見が大きく分かれる際には、テレビキャスターとして、双方の主張を丁寧に紹介していたということです。俵孝太郎さんの『ＦＮＮニュースレポート』（フジテレビ）もそうでした。

花田　俵さんは、口調は激しかったけれども、スタンスは確かにそうでしたね。

永栄　しかし、時たま見る岸井さん出演の番組から受ける印象は、古谷さんや櫻井さんとは全然違う。事実を掘り起こし、それに対する専門家の多様な意見を伝え、記者としての考えも述べるというのではなく、彼個人の感想を視聴者に刷り込んでいるという印象しか私には持てない。

問題となった安保法案に関する、「メディアとしても廃案に向けて声をずっと上げ続けるべきだ」という姿勢は朝日新聞の社説も繰り返し見せていて、岸井さん一人の危惧でないことは承知していますが、テレビの報道番組のアンカーの発言としては違うのではないか。決めつけるような結論をパパッと言う前に、多方面にわたる専門家の意見をなぜもっと視聴者に伝えないのかと思います。

会見で、鳥越さんは「これは一高市早苗個人の発言ではない。メディアに対する安倍政権の脅しだ」とか、「（安倍内閣および安倍首相は）全権委任法を得たナチス、ヒトラーのようになるかもしれない」と言い、「これは政治権力とメディアの戦争なのです」とまで言っている。大谷さんも「政権と会社の幹部に密接な関わりがあり、それに対して労働組合は何も言えない状況になっている」と言う。「だから、一緒に闘おう」と国民に呼び掛けているのですが、会見録を読む限り、記者会見では質問があまり出なかったようですね。若い後輩たちはしらけていたんじゃないでしょうか。というのも、田原さんや岸井さんらにとって、ＴＢＳやテレビ朝日の社長、会長らの経営陣は、言ってみれば友人でしょう。その経営陣と安倍（晋三）首相や菅（義偉）官房長官らの間にうそ寒い「密接な関わり」があるというのであれば、その実態を記者会見の場で暴いてくれたらいい。「一高市個人の発言ではない」と言い切るからには、安倍総理周辺からの「脅し」の実態を事実で示さないといけない。岸井さん、鳥越さん、大谷さんは新聞記者だったんですから、少なくともその努力を見せないといけない。

私は、安倍首相がヒトラーに似ているとは少しも思いませんが、安倍＝ヒトラーという鳥越さんの危惧は当たるのかもしれない。でも、鳥越さんは元新聞記者なのだから、論拠を具体的に示さない決めつけは放言でしかないと自らを律するべきだと思います。

なぜ〝圧力の事実〟を突きつけないのか

花田　彼らが言っているのは、安倍政権になってからメディアに対して圧力が強くなったという前提があり、その中で高市さんの答弁があったから問題だということです。

しかしぼくは、もし、本当に政権の圧力で番組がカットされたり、あるいは番組内の表現を注意されたりしたのだとしたら、現場の人はまず上司に文句を言えよ、と指摘したいですね。自分たちは上から来たプレッシャーを黙って聞いて、それを外に向けて言っても仕方ない。まずは中で言えと。

岸井さんだって、田原さんだって、力のあるジャーナリストなんだから、テレビ局幹部にだって物は言えるでしょう。言うとテレビから締め出されることを恐れているとしか思えない。

永栄　あの会見では、「匿名でもいいから自分たちが置かれている現状を知らせてほしい」という在京キー局の報道番組ディレクターらからのメッセージが読み上げられていました。「やりたいのは分かるが、我慢してくれと言われることが何度もある。実際、ある圧力によって影響を受けている」とか、「われわれは今、伝えるべきことを伝えられていないという自責の念に日々駆られています。なくなったニュースが山ほどあります」といった内容で、事実なら、このこと自体が大ニュースです。

でも、これほど重大な事柄を、いつ、誰が、何の件に関し、どういう理由で潰したのか。現場はそれにどう対処したのかを、メッセージを寄せたディレクターたちは記していない。それよりなぜ黙っているんだろ。「匿名でもいいから」と書くくらいなら、実名でもって告発してくれたらよかった。告発の内容が裏付けられれば、どの新聞も恐らく一面で取りあげます。ことと次第によっては、安倍内閣の崩壊にもつながる。

花田　そのこと自体を彼らが書いたり、発言するなりして発表すべきですね。

永栄　国民が知りたいのは「事実」だと思います。「圧力を受けて、日々自責の念に駆られながら、重要なニュースを消している」というような惨状が報道現場の実態であるならば、その事実を世間に知らせるべきです。その結果、記者が次々に拘束されたり、死んだりすれば、国民は黙っていない。花田さんの雑誌に寄稿してくれてもいい。私だって安倍政権に立ち向かいます。

花田　二〇一五年に作曲家のすぎやまこういちさんが代表呼びかけ人を務める「放送法遵守を求める視聴者の会」が岸井さんの番組『NEWS23』の報道内容に疑問を呈して、新聞に意見広告を出しました。また、岸井さんやTBSに対して公開質問状を出した。それに対してＴＢＳからは中身はなかったとはいえ一応、回答がきましたが、逃げの一手で岸井さん本人は一切、答えていない。

こういうときにこそ、きちんとご自身の意見を言うべきなのに、質問状には答えず、あの記者会見では「放送法遵守を求める視聴者の会」に対して次のように発言しました。

〈低俗なあれにコメントするのは時間の無駄だ。だが、安保法制については、憲法違反で、自衛隊のリスクが一気に高まり、戦後の安保体制が１８０度変わる。それをあんなに反対の多い中で形で強行採決していいのか。誰が考えたって、批判するのは当たり前のこと。それがダメだと言われたら、メディアは成り立たない〉

〈最初は何の広告か、さっぱり分からなかった。本当に低俗だし、品性どころか知性のかけらもない。ひどいことをやる時代になった。恥ずかしくないのか疑う〉（産経ニュース二〇一六年二月二九日）

公開質問状に答えもせず、罵詈雑言。きちんと反論すればいいだけなのに、まさにレッテル貼りです。枢要な立場にある人の対応としておかしいですよ。

永栄　まったく同感。日本の新聞読者、テレビの視聴者はつくづく気の毒だと思います。

新聞は読み比べられますが、テレビは一つのチャンネルしか見ることができない。何百万もの人々が見ているテレビで、キャスターがどうかと思われる私見を、それも瞬間芸のような形で述べる。もっと言えば押しつける。

放送法の上位に憲法があり、憲法二一条に「…一切の表現の自由は、これを保障する」とある以上、放送法四条（「意見が対立している問題については、できるだけ多くの角度から論点を明らかにすること」などを定める）は倫理規定に過ぎず、自由な表現を縛るものではないというのが学界の通説だそうですが、お互い、「事実」を尊重し合うなかで、「万機、公論に決すべし」で行かないと。

岸井さんや鳥越さんは、花田さんや櫻井さんと意見が正反対かもしれませんが、たとえば、「今日は櫻井よしこさんにスタジオへお出でいただきました。私は、安倍首相はヒトラーの再来で、何をしだすか分からない男だと断言しますが、櫻井さんはそのようにはお考えでないようなので、今夜はその辺りのことを論じてみるつもりです」と、番組内でやり合ってくれたら、我々もどれだけ恩恵を受けることでしょう。

花田　ぼくは前から言っているのですが、ニュース番組は淡々と、両方の意見を紹介すればいいと思います。判断するのは視聴者です。そのためには、テレビのニュース番組は、視聴率の対象から除外すればいい。視聴率をとろうとすると、どうしてもニュースショーのようになってしまいますから。

永栄　ニュース番組は淡々とでいいですね。ただ、報道番組なのにキャスターやアンカーが自分の考えを言い立てるのであれば、考えの違う人とときには意見を闘わせてもらいたい。同じことは新聞にも言える。

国連での自社への言及を報じなかった朝日

花田　二〇一四年八月、朝日新聞は慰安婦問題に関する記事の誤報を認めて、多くの記事を取り消しました。しかしその後、我々が見ている限りでは、慰安婦問題に関する報道にあまり変化は見られない。

あのとき朝日は「慰安婦報道検証　第三者委員会」を設けました。だいたい新聞社が「第三者委員会」を設けなければ調査できないというのがおかしい。自ら取材しろと言いたい。要は隠れ蓑でしょう。

その「第三者委員会」の調査が終わってその後、徐々に朝日新聞は、元の朝日的慰安婦報道に戻そうとしていると感じます。

たとえば、二〇一六年二月にスイス・ジュネーブで開かれた国連・女子差別撤廃委員会で、杉山晋輔外務審議官は慰安婦「強制連行」問題について次のように反論しました。

〈慰安婦が強制連行されたという見方が広く流布された原因は昭和58年、吉田清治氏（故人）が「私の戦争犯罪」という刊行物の中で、自らが日本軍の命令で韓国の済州島で大勢の女性狩りをしたという事実を捏造《ねつぞう》して発表したためだ。この内容は朝日新聞社により事実であるかのように大きく報道され、日本と韓国の世論のみならず国際社会にも大きな影響を与えた。

しかし、この書物の内容は複数の研究者により完全に想像の産物だったことがすでに証明されている。朝日新聞も平成26年8月5、6日を含め累次にわたり記事を掲載し、事実関係の誤りを認め、正式に読者に謝罪した。20万人という数字も具体的な裏付けがない。朝日新聞は26年8月5日付の記事で、通常の戦時労働に動員された女子挺身《ていしん》隊と慰安婦を誤って混同したと自ら認めている。なお、「性奴隷」といった表現は事実に反する〉（産経新聞二〇一六年二月一七日）

しかし、朝日の記者は現場にいたにもかかわらず、これを報道しませんでした。その後、この杉山審議官の発言を受けて朝日が外務省に抗議の申し入れをした。そのときに、はじめて、〈本社、外務省に申し入れ　国連委発言で慰安婦報道言及〉（二〇一六年二月一九日）と報じたのです。これはおかしくないですか？

永栄　おかしいです。ひどすぎる。

二月一七日の産経の一面トップに、その杉山発言が載っていたんですね。朝日が吉田清治証言を取り消して謝罪したことなどを詳細に語ったことが書かれていたので、朝日はどう書いているだろうと、朝日新聞を次に見たら、中面に小さく、「朝日」の「あ」も出てこない記事が出ていた。震えが来ました。そして、一日置いた一九日、花田さんお話しの「本社、外務省に申し入れ」という記事が出る。

花田　これをはじめて読んだ朝日の読者はいったい、何のことだかわからないですよ。

永栄　わからないはずです。私は当初、こう思いました。

現地からの原稿には、杉山審議官が朝日に言及した部分も当然あった。なのに、国際報道部デスクが朝日批判をそのまま載せるわけにはいかないと、それを削った。そうではなく、国際報道部から出稿された段階では、朝日への言及部分はあったのに、整理部が削ってしまった。それも違って、整理部はことの重大さを考え、ジュネーブからの原稿を出稿通り組んだのに、局長室が認めなかった。そして、恐らく局長室の判断だったのだろうと思いました。

でも、私の想像は違っていたようです。当事者の一人からたまたま経緯の一端を聞いたのですが、現地ジュネーブからの最初の通報は、「杉山外務審議官が国連の委員会で朝日の慰安婦報道を批判した。抗議すべきだ」というものだったそうです。

花田　そう、一報が届いたのですか？

永栄　そう聞きました。話を聞いた折、「我々は判断を間違えた」とのことでしたから、安心しましたが、いずれにしても、杉山発言の肝腎かなめの部分をすっぽり抜いて報じた経緯を、朝日は読者に説明しないといけない。

花田　いまのお話だと、記者が書く、デスクがチェックする。それを整理部がチェックし、編集局長までチェックするのですか？

永栄　そうですよ。すべての原稿は印刷されるまでに何重ものチェックが入ります。いまは独立の点検組織も作られているそうで、一〇人ほどの中堅記者が大刷り（印刷にかける直前の試作紙面）の記事一つひとつを目を皿にして読んでいるようです。

我々のときは、各部の部長や編集局長が夜中の一二時ごろ、飲み屋から帰ってきて、真っ赤な目で最終版だけチェックしていましたが、いまはアルコール抜きで早版から読んでいるんじゃないかな。ただ、私は人名や肩書、数字の間違いをチェックするよりは、記事を支える事実に問題はないか、公正さに欠けるところはないかといった点に万全の注意を払うことのほうが大事だと思います。

なぜ印象論が垂れ流されるのか

花田 それだけ厳しいチェックをするのであれば、朝日新聞の中にも、いろいろな考えの記者がいるはずですから、たとえば慰安婦問題で吉田清治氏のことが記事になったときに、この記事はおかしいのではないかという声は出なかったのでしょうか？

永栄 出なかったということでしょうね。ずさんと言われればその通りなのですが、ただ、たとえば田原さんのような方に「安倍の指示で、高市がＴＢＳの幹部を脅し、岸井成格の降板が決まった。国谷も古舘も田勢も安倍が飛ばした。次は鳥越だ」と、もし囁《ささや》かれたりしたら、田原さんが安倍首相本人もしくは側近の誰かから直接聞いたマル秘の話を、日本の民主主義を守ろうとする一心で、そっと話してくれたんだろうと思ってしまうような脇の甘さが我々にはあるんですね。少なくとも私にはある。

後で話が出ると思いますが、『崩壊　朝日新聞』（ワック）を書かれた長谷川熙《ひろし》さんなら、裏が取れない話は書かないでしょうけど、私など、「田原さん、感謝！」とか言って、聞いた通りを書いてしまいそうです。吉田清治氏が旧日本軍の西部軍司令部から命令を受け、韓国・済州島で慰安婦狩りを行ったと、微に入り細を穿《うが》って〝証言〟するのを聞き、「お話の裏付けになるものが、何かございませんか」と言っていれば、三〇年余の朝日の慰安婦報道も違っていたと思いますが、先日の記者会見でも、岸井さんや鳥越さんに、「裏付けになる証拠を、何か一つ……」と質問した記者はいなかったんじゃないですか。記者研修では、「裏付ける証拠を必ず取れ」と最初に習うのですが、我々、すぐにそれを忘れてしまう。

文藝春秋の専務取締役をされた作家の半藤一利さんが、毎日新聞の〈この国はどこへ行こうとしているのか　「平和」の名の下に〉（二〇一五年六月八日夕刊）で、「『戦争の芽』は指ではもうつぶせないくらいに育ってしまった」と話しておられた。

実は私、「取材学」というイカサマ授業を大学でやっているんですが、毎週、一二、三〇の記事を取り上げ、意見交換する中で、半藤さんの記事を素材に使わせてもらった。記事を読んだ後、みんなが記者だったら、半藤さんに何を聞くかと尋ねたところ、「『戦争の芽』の幾つかを具体的に話してもらう」と、多くの学生が書いてきた。なんとかの一つ覚えで、私が授業で話すことと言ったら、「何を措《お》いても事実だ。取材のときはとにかく具体的に話してもらうこと」とばかり言っているので、学生もその辺は心得ています（笑）。

半藤さんの戦争食い止め策は、「隣組を作らないこと」だそうで、記事にこうありました。

〈「この国に今すぐ戦前のような隣組ができるとは思いません。でも今回の安保法案が成立すれば『非常時だ、存立危機事態だ』と人々の暮らしが規制され、できるかもしれませんよ、隣組」と笑顔のまま、怖いことを言う〉

花田　ことさら「隣組（戦時中の地域組織）」のような表現をするのがぼくは嫌ですね。戦争中のイメージを煽る常套句。

永栄　私も安手の符丁だと思った。半藤さんはエリートですから、どぶの臭いがする「隣組」など、ご免でしょう。私なんかは、醤油を借りにいったり、おばさんが病気だからと卵を持っていったりした「隣組」がむしろ懐かしい。戦後の「隣組」と戦中のとは違うでしょうけどね。

花田　新聞には、事実の積み上げではなく情緒的とも言えるような情報が多いですよ。垂れ流さないで、記者が地道に取材をしたり、話を聞いてきたりしてくれよと言いたくなるものが多い。

永栄　その昔、何度か読んだ本に、原寿雄《としお》（元共同通信社社長）さんの『デスク日記』（みすず書房）というのがあります。九一歳におなりになる原さんも、「本当にいまは危ない時期に来ている」とおっしゃっている。花田紀凱責任編集の『Ｗ:ＬＬ』とは言っていませんでしたが（笑）、右翼メディアの暴走を止めないといけない、と。

原さん、半藤さんらメディアの大御所も鳥越さんたち同様、「安倍内閣は戦後最悪」との見方をしているようですが、そうはまったく思わない私のような者にも理解できるような事実を、その豊かな体験に基づき、具体的に指摘してほしい。

花田　だいたい朝日新聞などの大新聞社と比べれば、『Ｗ:ＬＬ』なんて微々たるものですよ。たかだか一〇万部で、たいした影響力もない。大メディアがおかしいからおかしいと言っているだけで、それが別に大きな流れにもなっていない。部数が落ちたとはいえ、六〇〇万部以上も発行している影響力のある新聞社や、公共の電波を扱い、大きな影響力を持つテレビなど、大メディアが偏ったり、我々が疑問に感じていることを垂れ流したりしているから、それはおかしいと指摘しているだけです。
我々のことより、圧倒的に力がある大メディアの襟を正すことのほうが先でしょう。

永栄　また、原さんの話で恐縮ですが、かつて秘かに私淑《ししゆく》した方ですので許してもらいたいのですが、原さんは京都での講演で、「メディアはいま内戦状態にある」と話されたようです。政府に寄り添う読売、産経グループと、朝日、毎日、東京および共同通信の配信を受ける地方紙とに分裂していると。ネットで知りました。7対3で、後者が優勢だそうですが、慰安婦や福島原発・吉田昌郎《まさお》所長調書の報道に絡んで朝日が誤りを認め、そのことで厳しい批判が朝日に寄せられたことを、原さんは「右翼の攻撃」であり、戦争につながる動きとご覧になっている。
半藤さんや田原さんが奥歯にものの挟まったような言い方で、「危険な状況だ」というのも多分そういうことなのでしょう。でも私は、「危険だ」と言うのに並行して、その事実を示すべきだと思う。

花田　なぜそれができないのか、わかりません。

朝日はマルキスト結社か

花田　『崩壊　朝日新聞』を書かれた長谷川熙さんと『WiLL』で連続対談をして頂きましたが、長谷川さんは「朝日はマルキスト集団だ」と言ってらっしゃいます。対して永栄さんは全面的にその言葉を肯定しているわけではありませんでした。

永栄　私などが定年までいられたのですから、「マルクス主義結社」ということはありません（笑）。

長谷川さんとは四〇年近い付き合いなのですが、社とか日々の紙面や同僚とかを話題にしたことがないんですよ。花田さんのおかげで、長谷川さんの未知の面を知ることができました。実は私なぞ、長谷川さんこそ〝社会主義者〟だと思っていました。

長谷川さんの下で「食糧」という取材班が経済部で組まれたとき、私はメインライターだったのですが、連載初回の原稿にかかる前、「読んでみてほしい」と遠慮がちに手渡されたのが河上肇全集続1の『日本農政学』でした。その風貌から、長谷川さんに河上肇的な求道者を感じていましたので、「やっぱりな」と笑ってしまいました。

元京大教授の河上は戦前の共産党員で、治安維持法違反で刑務所にも入った。その『自叙伝』には感動しました。ただ、長生きしていたら、反党分子として散々な目に遭っていたかもしれませんね。『阿Q正伝』などの作品で知られる魯迅《ろじん》の墓碑は毛沢東が書いたことで有名ですが、例の反右派闘争（毛が一九五七年に仕掛けた反対派一掃のための策動。知識人を中心に数十万人が犠牲になった）の頃、「魯迅が生きていたら」と聞かれ、毛主席が「牢獄で書いているか、何も言わなくなっているかだな」と言ったという話がある。先般、朝日のコラムが書いていて、逸話を思い出しましたが、河上は魯迅に似ている。

長谷川さんはとにかくすごい方ですよ。その昔、整腸剤のキノホルムがスモンの原因だとする研究をなかば独走のかたちで報じ、出版局に異動したあとの『AERA』（現・朝日新聞出版）でも、横田めぐみさんが拉致されて北朝鮮にいる公算が強いと真っ先に伝えた。破綻《はたん》処理に一兆円以上の公費を投入した、例の朝銀信用組合の乱脈経理問題を『AERA』に書いたのも長谷川さんです。そんな記事ばかりです。何年かかろうが土日もなく追いかけ、相手の信頼を得て、しまいには確かな証拠を手にしてしまう。私なんか、とても真似できません。

その長谷川さんが一年近く、朝日の元社長らを訪ね歩いて、少なくとも戦後の朝日はマルクス主義結社であると考えざるを得ないと言うのですから、私には重かった。亡くなった北畠清泰（元朝日新聞論説委員、朝日の「慰安婦報道」を主導した一人とされる）夫人のところまで取材に行かれているのにはビックリでした。

花田　長谷川さんは、北畠氏と向かい合って『AERA』編集部で座っていて、北畠氏が吉田清治氏に電話で何やらヒソヒソ言い、「（吉田氏のような人は）世間の圧力が強くなると日和《ひよ》ってしまう」「違うことを言い出す」「取材するこちらが常に手綱を強く持っていないといけない」という趣旨のことを話していたのを聞いていた。それが『崩壊　朝日新聞』の上梓につながっています。

北畠さんは、一九九二年一月二三日に朝日夕刊の「窓」で、吉田清治氏の証言を交えながら次のように書いた人です。

〈吉田さんと部下、十人か十五人が朝鮮半島に出張する。総督府の五十人、あるいは百人の警官といっしょになって村を包囲し、女性を道路に追い出す。木剣を振るって若い女性を殴り、けり、トラックに詰め込む。

一つの村から三人、十人と連行して警察の留置所に入れておき、予定の百人、二百人になれば、下関に運ぶ。女性たちは陸軍の営庭で軍属の手に渡り、前線へ送られていった。吉田さんらが連行した女性は、少なくみても九百五十人はいた。

「国家権力が警察を使い、植民地の女性を絶対に逃げられない状態で誘拐し、戦場に運び、一年二年と監禁し、集団強姦（ごうかん）し、そして日本軍が退却する時には戦場に放置した。私が強制連行した朝鮮人のうち、男性の半分、女性の全部が死んだと思います」〉

同年三月三日には、読者から同コラムに対して疑問を呈する多くの投書があったとして、次のように読者に呼びかけています。

〈知りたくない、信じたくないことがある。だが、その思いと格闘しないことには、歴史は残せない〉

吉田証言のインチキが明らかになったいま読むと、じつにゴーマンな物言いです。朝日的というか。

永栄　吉田氏の話が事実なら、北畠さんの教示は一理あると思いますが、「真実を書いても何の利益もない」というような人の話を裏付け取材なしに書いたのは、朝日の姿勢に歪みがあるのでしょう。その点は長谷川さんの指摘に賛成です。

ただ、私が『崩壊　朝日新聞』で一番驚いたのは、編集担当・佐伯晋さんの役員退任の挨拶でした。佐伯さんは社会部の出身で、編集担当という職は朝日四本社の全紙面を統括する最高位ですが、その編集担当を四年間務め、代表取締役にも就いた佐伯さんが役員を退任する一九九五年三月、送別のパーティーで、「社会主義陣営に対するロイヤリティー（忠誠心）がなくても編集担当を務められる時代となり、幸いだった」と挨拶されたという。

長谷川さんのことですから、佐伯さんにも確かめたうえで書いたはずで、この佐伯発言にはびっくりでした。社の最上層部にいた佐伯さんのような方にも、朝日のソ連や中国報道にしっくりこないものがあったということだと思いました。

逆に言えば、佐伯さんが編集担当に就くまでは、国内外の社会主義陣営に忠誠心を持つ者しか紙面統括のトップに就けなかったということにもなる。兵本達吉さん（北朝鮮による拉致事件の追及で著名。元共産党員）の『日本共産党の戦後秘史』に、宮本顕治議長が朝日の松下宗之記者（のち社長）には夜中でも木戸御免で会ったと書かれていたのを思い出します。取材となれば、我々、誰にでも会いに行きますが、先方の信頼がないと、木戸御免とはなかなかいかない。

それに最近は、「彼は（共産）党員だよ。知らなかったのか」といった話も元同僚からときどき聞かされます。実際にそうなのかは知りませんが。

『諸君！』の定期購読は朝日大阪本社で一人

花田　様々な大学で、様々な勉強、体験をした若者が新聞記者になろうと入社してきて、多様な考えの記者がいてもいいはずなのに、どうして朝日は左派的な記事ばかりになってくるのでしょうか？

朝日の人は産経などは読まないのですか？

永栄　読んでいると思いますけどね。私は親が産経新聞を取っていたので、産経との付き合いは生まれたときからです。新入社員の頃は抜かれていないか心配で、一時は八紙取っていましたが、先輩連中もみな何紙か取っていましたよ。

ただ、こんなことがありました。『諸君！』（文藝春秋刊、二〇〇九年に休刊）を七一年五月から休刊になるまで購読していたのですが、東京本社に異動が決まったとき、大阪本社の購買部に契約を解除しに行った。しかし、東京に送るから契約を続けてくれと頼まれ、それからは東京本社あての諸物品に交じって、『諸君！』が長年、送られてきていました。その折、社内でどのくらい『諸君！』が売れているか訊いたら、「永栄さん一人ですよぉ」と言っていました（笑）。書店で買っていた人はもちろんいたでしょうが。

私は『展望』（筑摩書房）や『中央公論』（中央公論新社）、『世界』（岩波書店）も取っていて、『世界』の定期購読者は大阪本社に確か一〇人ほどいました。『諸君！』の定期購読者が一人だったのは意外でした。

花田　昔は、たとえば朝日と文藝春秋の幹部の交流があったり、朝日の記者でも百目《どうめ》鬼《き》恭三郎さん（元朝日新聞編集委員）、鈴木卓郎さん（元朝日新聞編集委員）、佐々克明《さっさかつあき》さん（元朝日新聞記者）など、『文藝春秋』や『諸君！』で書いている人がいたりしました。だけど、いまはそういう方が少ない。朝日新聞主筆だった船橋洋一さんはいまも書いていますが、少なくなりました。

そういうことからも、朝日の中は締めつけというか、堅苦しくなっているのでしょうか？　そんなことは感じないですか？

永栄　あまり感じませんでしたが、『世界』に書くのは勲章、文春系の雑誌に書いたら処分の対象と言われてはいました。まあ、冗談でしょうが。

花田　そうなんですか。ひどいな、それは。

永栄　一つ言えるのは、百目鬼さんとか、森本哲郎さん（元朝日新聞編集委員）、深代《ふかしろ》惇郎《じゅんろう》さん（元朝日新聞論説委員）、産経新聞の「産経抄」を長年執筆された石井英夫さんらの往年の記者と、我々とは違いすぎる、同じ記者だというのが私など恥ずかしいほど、教養の点でも文章力でも段違いで、書きたくても書けないということもある。昭和一桁前半くらいまでに生まれた人たちが受けた教育がよかったのかなあ。百目鬼さんのような記者は、いまはいないと思いますよ。

花田　それは淋しいですね。

朝日は読者が知りたいことに応えていない

花田　新聞業界全体、それから雑誌も衰退傾向にありますが、永栄さんはどのようにご覧になっていますか？

永栄　面白くなれば、新聞も読まれると思います。これは朝日の紙面について私が日ごろ感じていることですが、安保法制は違憲だ、安倍内閣は危険だといった記事ばかり読ませられる。憲法学者の七割が「自衛隊は違憲である」と言い、さらに多くの憲法学者が「安保法制は違憲である」と言っている現状を映しているのでしょうが、それでも合憲派はいるのだから、違憲派とじっくり議論してもらったらいい。

花田　そういうことを本当は新聞がやらなくてはいけない。

永栄　それをやれば、新聞を読まない私の学生たちも読むはずです。

花田　学生にも、知りたいという気持ちはありますからね。しかし、新聞はそういうことをやらない。よく新聞に対談が掲載されていますが、面白いものがない。著名な人たちが集まって話をしているのですが、全然面白くないですよ。

永栄　私も触発されることがない。対談者の名前を見ただけで、どういう展開で話が進むか察しがつき、結語まで見えていては、読みはしますけれど、面白くはない。

花田　読者は判断材料を求めているのに、いまの新聞にはそれがないですよ。

永栄　まったく同感。渡部昇一さん（上智大学名誉教授）と、小林節《せつ》さん（慶応大学名誉教授）の対談なんて読みたいですよね。憲法改正で意気投合し、共著の対談本も出された小林さんが大きく見解を変えた理由を渡部さんにお聞きいただく。それが朝日新聞に載ったら、読者も身を乗り出すと思いますよ。

花田　本当に読者が知りたいと思っていることに、新聞が応えてくれないわけです。

我々は仕事柄、熱心に読んでいますが、本当に知りたいことを書いていてくれたら、あら探しではなく読みます（笑）。

やることはたくさんあります。活字が衰退する、ネットの時代だと理由をつけて怠けているのではないでしょうか。もっと知的に面白い紙面をつくってほしい。

永栄　朝日や『世界』によくお書きの山口二郎・法政大学教授（政治学）が国会前で開かれた昨年夏の安保法制反対集会で、「安倍に言いたい！　お前は人間じゃない‼　たたき斬ってやる‼」と演説し脚光を浴びていましたが、「なぜ、安倍をたたき斬らないといけないのか」と題して、山口教授に寄稿してもらってもいいし、安倍首相との対談をお願いしてもいい。朝日の看板に残光があるうちなら、依頼くらいはできると思う。

花田　ああいうことを影響力のある学者が言うのはいかがなものか、というオピニオンでもいい。産経にはそのようなオピニオンが載りましたが、朝日にはそれもなかったですね。無視を決め込んで、朝日サイドの論客の暴言には何も言わない。

永栄　残念です。

（二〇一六年三月一一日放送）

第6章

報道されなかった日本の危機

佐藤正久×櫻井よしこ

世論は後から評価する

櫻井　佐藤さんも法案の成立に尽力していらっしゃる安保法制について、どれほど世論に誤解が広まっているか、最近の体験からお話しします。先日、東京駅と目的地の間の行き帰り二回、タクシーに乗りました。運転手さんはいずれも五〇代後半から六〇代の男性でした。私が乗りましたら「櫻井さん」と話しかけてきて、お二人とも安倍晋三総理にすごく怒っているのです。

「戦争をするつもりなんですかね」と、平たく言えばカッカしていました。

「そんなことはありませんよ」と私は答えたのですが、自民党が国民のこういった感情を高めてしまったのか、あるいは野党が国民にこういった感情を植えつけてしまったのか。いずれにしても、大変な誤解が広まっていることに危機感を深めました。

佐藤　自民党としても反省すべき点はあります。私も与党協議会のメンバーとして法案作成に携わった一人ですが、やはり当初、この法案の狙いや内容がうまく国民に伝わっていませんでした。

「戦争法案」や「徴兵制（になる）」というレッテル貼りがなされてしまいました。

また、多くの国民は法案の中身を読んでいません。一般の国民は、テレビや新聞、

櫻井よしこ

あるいは女性の方なら女性週刊誌などを読んで情報を得ていますね。国民が情報を得る基《もと》となる一部の番組や新聞では、「安保法制によって戦争まっしぐら」という報道がなされたりもしました。それによって、「自分たちの子供や孫が危ない」「命を落としてしまう」という、間違った認識を国民が持ってしまいかねない状況でした。

櫻井　安全保障について、日本は大きな山場を三つ体験しています。

一つ目は一九六〇（昭和三五）年の日米安保条約の改定時です。

一九五一（昭和二六）年に締結された日米安保条約を六〇年に、岸信介総理が改定する調印を行い、日本に持ち帰った。そして条約

佐藤正久

が衆院を通過した時点で、岸内閣の支持率は支持が一二％、不支持が五八％でした（一九六〇年五月、朝日新聞調査）。

ちなみにこの数字は朝日新聞の調査ですが、新聞によって支持率が大きく変わっていたわけではありません。

二つ目は、九二年の「国際連合平和維持活動等に対する協力に関する法律」です。いわゆる「ＰＫＯ協力法」ですね。これが議論されたときに政権を担っていたのは宮沢喜一内閣ですが、支持は二七％、不支持は五六％でした（一九九二年三月、朝日新聞調査）。

ただ、このときはＰＫＯ法案に対する評価だけではなく、宮沢内閣そのものがジリ貧になっていた背景もありました。しかし、いずれにしても不支持が支持の倍以上でした。

三つ目が、今回の第二次安倍政権での平和安全法制です。集団的自衛権の行使に向けて動いている安倍内閣の、支持は三九％、不支持は四二％でした（二〇一五年七月、朝日新聞調査）。

日米安保条約は当時の支持率は低く、国民の反発も尋常ではありませんでしたが、いまでは左派系の人まで含めて、岸内閣の功績として非常に高く評価されています。PKOも同様ですね。日本の平和維持活動がどれだけ海外で高く評価されているか、驚くほどです。佐藤さんもイラクのサマワに派遣されましたが、現地の方が涙を流して喜んでくださったという話を聞きます。

こうして振り返ると、安全保障の問題については、国民の強い反対の中でも、政治が決断して行い、それを世論が後になって評価する型が繰り返されていることがわかります。

イメージと現実には違いがある

佐藤　多くの国民は、防衛や安全保障と言われてもピンとこないでしょう。国の安全保障問題は、自分の生活からかけ離れているように感じるのではないでしょうか。

私が選挙応援などで呼ばれたときは、関係者から話の内容について、「今日は雇用や医療、年金、介護、子育てについてお話しください。時間があったら国防・安全保障についてもお願いします」と言われます。

櫻井　時間があったら、なのですね。

佐藤　私を呼んでおいて（笑）。雇用や医療、年金、介護、子育てなどは国民の生活に近いので、一般の方にもわかりやすいのですよ。しかし、国防・安全保障の重要性はなかなかわからない。

私がイラクへ派遣されたときも、派遣前は反対の声が大きかったのです。しかし、実際に我々が派遣され、その活動が映像を通じて国民に伝えられると、当初とは打って変わって、支持が増えました。イメージと現実には違いがある。

ＰＫＯの活動を実際に映像で見ることによって、国民はどんどん安心し、その結果、ＰＫＯを支持するようになったのです。

平和安全法制も、実際に自衛隊が活動する姿や、あるいは日米が連携する姿を見れば、恐らく多くの国民は安心し、支持するのではないでしょうか。

櫻井　安全保障に関する問題は確かにわかりにくい面があります。しかし、具体的に語って説明したり、その実例を見せたりすれば、必ず国民は理解するようになります。

佐藤　ただ、平和安全法制は安全保障の話なので、具体的なことが言えないという問題もあります。手の内がばれてしまうので具体的な話がしにくい。だから、「一般的には」という形でしか説明できない部分がある程度、存在してしまいます。

櫻井　アメリカでは、下院でも上院でも国防委員会などに、統合参謀本部長や太平洋艦隊司令官といった制服組の軍人が出席し、議員から様々な質問を受けます。テレビ中継などを通して国民に広く公開されている議会ではある程度のところまで話をしますが、いま佐藤さんが指摘された機密に属するもの、とりわけ相手方の国々には知られてはならない事柄については、「もっと詳しいことは秘密会で」ということになっています。

アメリカでは議員にも守秘義務が課せられていて、このような慣行が了承されていますが、日本には、この秘密会に当たるものがありませんね。

佐藤　特定秘密保護法ができた際、衆参両院に設置された「情報監視審査会」が秘密会に似ていますが、安全保障について議論する秘密会はありません。

櫻井　ですから、議論できない部分が、当然、出てくる。

しかも、今回の安保法制国会では与党が一しか質問できなくて、野党が九も質問をした。自民党が譲歩して野党に多くの時間を割り振ったけれど、その時間が安保法制についての、賛成反対両方の理解を深めるために使われたかというとそうではありませんでした。そもそも、なぜそのような質問の配分になっているのですか。

佐藤　議院内閣制ですから、政権与党は一体と考え、野党に質問時間を渡して理解を深めてもらおうと考えたのです。しかし、ご指摘のように実際には議論が深まることはありませんでした。

櫻井　一五年七月一五日の衆院平和安全法制特別委員会の採決では、野党の議員が「強行採決反対‼」「アベ政治を許さない」「自民党感じ悪いよね」と書かれたプラカードをカメラに向けて掲げました。これによって「強行採決」のイメージが強くなりましたね。

しかし、産経新聞のまとめによると、約三年三カ月にわたって政権を担った民主党は、衆参の委員会で二四回も強行採決を行った（産経新聞一五年七月一六日）。鳩山由紀夫内閣が「子ども手当法案」など一六回、菅直人内閣が一回、野田佳彦内閣が七回、計二四回です。第二次安倍政権は、この報道までの約二年八カ月で一一回です。

佐藤 そうですね。私からすると、民主党には「プラカードを出すより対案を出せ」と言いたいくらいなのですが（編集註／民主・維新、両党は年が明けた二〇一六年二月一八日にようやく領域警備法案など三法案を提出）。

母親の心配と女性週刊誌

櫻井 先ほど女性誌の話がありました。私の友人の政治ジャーナリスト、細川珠生《たまお》さんは、小学生のお子さんがいて、「ママ友」もたくさんいらっしゃる。そのほとんどが安保法制に対して、「自分の子供を戦場に送る法案」、それこそ「戦争法案」だと考えているそうで、細川さんは驚いたという話を聞きました。そしてママ友の多くが月刊のファッション誌や女性誌を読んでいるというのです。

佐藤 週刊の『女性自身』（光文社）は、〈あなたの子供が〝アメリカの戦争〟に命を捨てる！〉という過激な表現をしていました（一五年六月二日号）。もし電車に乗ったときに中吊り広告でこのような見出しを見たら、母親としては心配になって読むでしょう。

売れたそうで、聞くところによると一人一冊ではなく、五冊、一〇冊と買って、知り合いなどに配った人もいたそうです。

櫻井　それだけ安保法案への関心は高いわけです。

佐藤　産経新聞や読売新聞を読んでいる方は、このような女性誌の記事には騙されないかもしれません。しかし、普段、テレビや女性誌または週刊誌で情報を得ている人は、安保法案は「戦争法案」で、安倍総理は勝手に憲法解釈を変更したと考えかねない。

集団的自衛権は国際的な基準から考えるとフルサイズのものではなく、あくまでも日本に危機が訪れたときのための限定的なものです。多くの国民にそれが伝わっていません。

櫻井　ですから少し情報を精査しさえすれば、この程度の集団的自衛権の行使で大丈夫なのかしらという心配が、逆に湧いてきます。

佐藤　その通りです。しかし、アメリカを守るためにアメリカに派遣されて、自分たちの子供、孫が命を落とすかもしれない、戦争に巻き込まれるかもしれない、アメリカ追随のための法案だという情報ばかりを読まされて誤解している人もいます。

安倍総理がアメリカと約束してしまったから、いま慌てて法案を通そうとしているのだという間違ったストーリーもどんどん生まれています。

櫻井 こうした情報は間違いだと指摘して、「戦争法案ではありません」「安保法案は戦争を抑止するための法案です」と自分の選挙区の人たちに、なぜ政治家は伝えられないのでしょうか。

佐藤 その点も与党の責任です。我々が自分の選挙区で地方議員にしっかりと説明し、そして、地方議員と共に有権者に説明すればよかったのです。ですが、自民党の議員も安保法制を十分理解していないと、説明会などで質問を受けたときに、答えに詰まってしまうのです。

櫻井 総じて自民党の動きが非常に遅い、そして勉強不足の議員が相当数いると感じます。この点は政権与党として大いに反省すべきです。

佐藤 問題点を把握していても、自民党は昔から広報があまり得意ではない気がします。

櫻井 しかし与党にとって、真実を国民に伝えることこそとても大事なことですよ。

中国が主張する「九段線」

中国とフィリピンの軍事力格差

櫻井　野党は事実から目を逸らしているようですが、日本の周辺には危機が充満しています。たとえば南シナ海問題。中国が南シナ海のほとんどを自分たちの領海だと主張しています。

ベトナム、マレーシア、インドネシア、フィリピン、ブルネイ、シンガポール。この六つの国々がみんなで共有しているはずの海に、中国が「九段線」と呼ぶ線を勝手に引いています。九段線は南シナ海のほぼ全域を覆うように引かれていて、その形から「牛の舌」とも呼ばれています（二二九ページの地図参照）。

九段線の内側すべて、つまり南シナ海の約九割を中国は自国領だと主張し、実際にスプラトリー（南沙）諸島で埋め立てをしています。

佐藤　もともと南シナ海には、一部しか岩礁がありませんでした。しかし、中国が巨大な埋め立てを始めました。南シナ海には中国の浚渫《しゅんせつ》船（水底の土砂を掘り取る作業船）が多数動いていて埋め立てています。もはや人工島ですよ。

すでに完成した施設が一部ありますが、三〇〇〇メートル級の滑走路ができています。将来、南シナ海には、中国を守るための新たな防空識別圏が設定されたり、軍事施設のためのレーダー設置など、様々なものが作られたりするのではないかと言われています。

櫻井　南シナ海を部分的に拡大した写真を見ると、中国の埋め立て作業の凄まじさが見てとれます。そして、船も見えますね。

佐藤　軍艦でしょう。すでに軍事利用しているのですよ。今後、軍事利用がどんどん進み、軍艦や潜水艦が跋扈《ばっこ》する海になったら、南シナ海は間違いなく「中国の海」になります。なぜかと言うと、たとえばフィリピンと中国の軍事力を比べると全く違うからです。櫻井さん、フィリピンは戦闘機をどのくらい持っていると思いますか。

櫻井　あまり詳しくありませんが、ものすごく少ないのではないですか。

佐藤　ゼロです。

櫻井　一機もない。

佐藤　はい。この時代において、ゼロなのですよ。いま慌てて韓国から練習機を買って、それを戦闘機にしようとしているレベルです。

さらにフィリピンには潜水艦もありません。戦闘機もゼロ、潜水艦もゼロで、中国との格差がすごい。

また、米軍は一九九一年、スービック海軍基地とクラーク空軍基地を返還しましたね。あれから、あの領域におけるアメリカのプレゼンスが非常に弱くなった。要は空白地帯なのです。そこに中国がどんどん入ってきて、傍若無人《ぼうじゃくぶじん》な埋め立てをしている。でも、誰も文句を言えません。

櫻井　力が弱くて、何も言えない。

佐藤　そうです。中国はやりたい放題の状態です。

ベトナムやウクライナを誰も助けない理由

櫻井　これは中国の海軍戦略の専門家で、南シナ海・東シナ海問題を誰よりも早くから警告してきた平松茂雄さんの指摘ですが、九二年秋までにスービックとクラークから米軍が引き上げる少し前から中国はフィリピンが自国領だと主張する南沙海域に侵出していました。九二年春までに、中国人漁民、実際には人民解放軍の兵士と見てよいと思うのですが、そのような男たちがフィリピンのパラワン島の西の海域にある小さな島を占拠し、住みついていたのです。その島は満潮になると海面下に没してしまう岩礁だというのですが、このような六つの島々が中国に奪われていたということを、フィリピン政府が確認したのはなんと九三年四月でした。中国はアメリカがフィリピンから去る構えを見せ始めたときに、早くも行動を起こしていたわけです。

その後、盛んに調査船を入れて、この海域を調べています。

かつてベトナムが統治していたパラセル（西沙）諸島でも、アメリカがベトナム戦争で撤退すると、早くも七四年には中国がパラセル諸島を奪う行動に出ています。

佐藤　ベトナムを守る国がないのですよ。集団的自衛権を行使してくれる国がないから、中国が来てしまう。

同じように、フィリピンからアメリカがいなくなった。すると、いま、中国が埋め立てを続けても、誰もフィリピンを助けてくれない。

櫻井　言葉で中国を非難したとしても、軍事行動で止めてくれるわけではありませんからね。

佐藤　クリミア半島も全く同じです。アメリカもイギリスも口ではロシアを非難します。でも、自分の国の若者の血を流してまでクリミアを守ろうとはしなかった。ウクライナは北大西洋条約機構（ＮＡＴＯ）の一員ではないからです。

つまり、ウクライナはアメリカやイギリスにとって、集団的自衛権の対象ではありません。一国だけでは自分の国を守るのは難しいという、わかりやすい例です。

櫻井　もう一つ、私たちが認識しておくべきことがあります。戦後の日本の安全保障は、日米安保条約に基づいてアメリカが日本を守ってくれるという考え方でした。そして事実、その通りだったと思うのですが、そのアメリカのオバマ大統領が二〇一三年九月一〇日の演説で、「アメリカは世界の警察ではない」と発言した。もうアメリカは、軍事介入しないと宣言したわけでしょう。

佐藤　あの発言は東南アジア諸国連合（ＡＳＥＡＮ）諸国にとっては痛手でしたね。

櫻井　オバマ大統領の発言が一三年九月で、その半年後の一四年三月にロシアのプーチン大統領がクリミアを取りました。南シナ海での中国の埋め立ては一四年二月頃から始まっていたことがわかっています。

つまり、もうアメリカは出てこないのだとロシアや中国は考えた。ロシアや中国にとっては絶好のチャンスだということで、このような蛮行が始まったのです。

そういう時代に、いま私たちは暮らしています。そして実は、南シナ海のみならず、東シナ海でも同じことが起きていたのです。

中国が勝手にプラットホームを建設

佐藤　櫻井さんが二〇一五年七月六日の産経新聞連載「美しき勁《つよ》き国へ」で、中国が東シナ海でガス田開発用の新たなプラットホームを建設していることを指摘されましたね。それについて、少し解説します。

東シナ海における排他的経済水域（ＥＥＺ）の日中中間線付近で、二〇〇八年六月の政府間合意に違反し、多くのプラットホームが建設されていることが、櫻井さんの

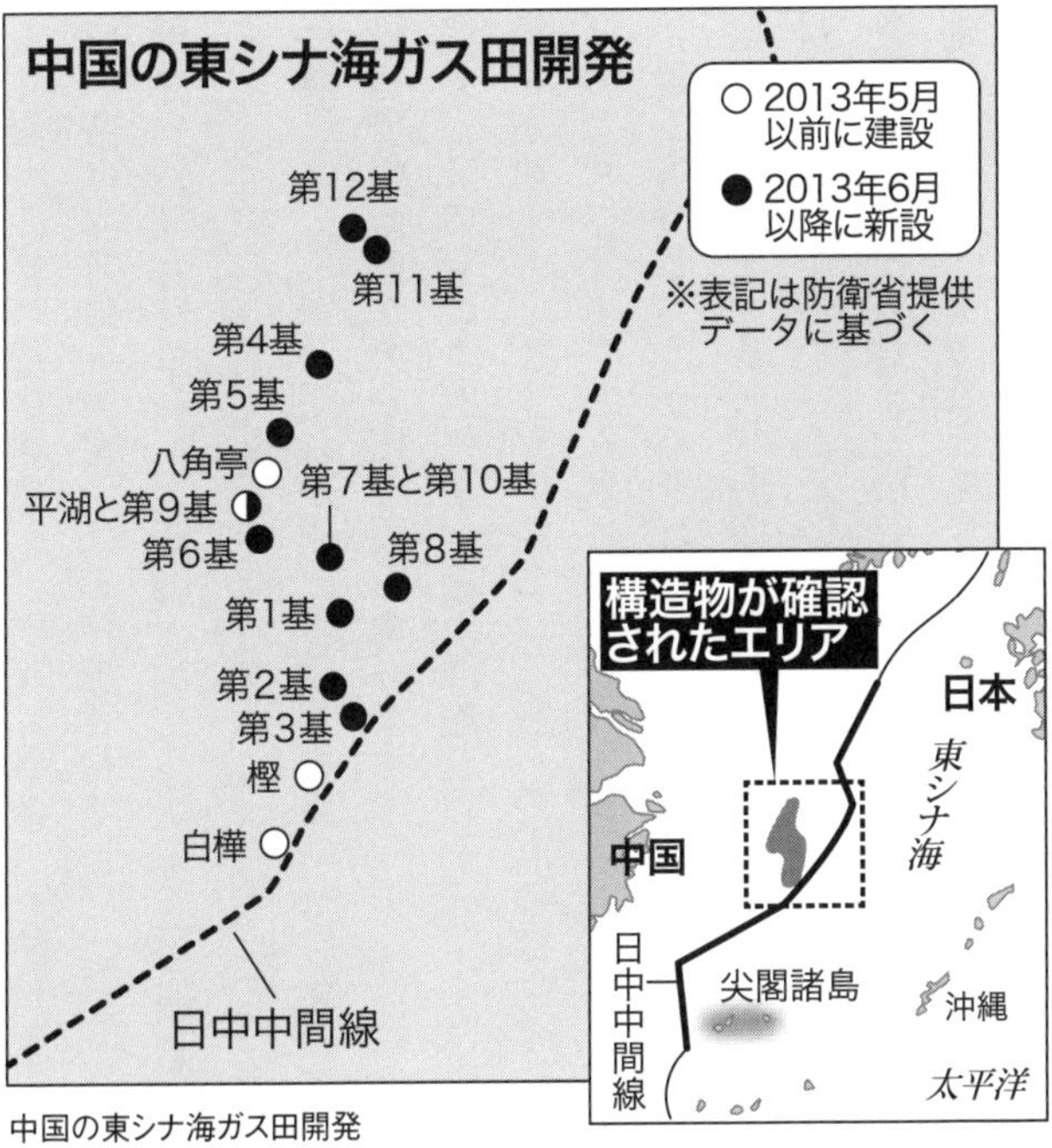

中国の東シナ海ガス田開発

指摘で国民に明らかになりました。

　東シナ海では日本と中国のそれぞれのＥＥＺ（二〇〇海里・約三七〇キロ）が重なっているのですが、日中中間線はそのかぶっている部分の間を取ったものです（二三五ページの地図参照）。

櫻井　日本は、この中間線で境界を確定しようと言ったのですね。

佐藤　そうです。しかし、中国は中間線にぴったり沿ってガス田を開発し、プラットホーム建設を急拡大しているわけです。たとえば、昔はガス田「残雪」はありませんでした。

櫻井　一九九八年一一月時点での中国のガス田開発は、「八角亭」「平湖」「樫（中国名・天外天）」「白樺（中国名・春暁）」、この四カ所でした。

佐藤　ところが、それが一五年六月までに一二カ所に増えていた。そして、さらに建設途中のものがあと四カ所もあります。

櫻井　この一二カ所の新たな海洋施設は一三年六月以降に建設されたと、菅義偉《すがよしひで》官房長官が語っていますが、そこに作られたものは大きな海洋ステーションです。写真を見ると、ヘリポートもありますし、作業員の宿舎もある。さまざまな設備があって、精製工場でしょうか、それらしきものもある。

佐藤　写真を見ると、炎が出ています。

櫻井　ガスが出ているということですね。

佐藤　〇八年六月までに、櫻井さんが名前を挙げられた八角亭など四基は日中双方が確認して、一部で共同開発をすることになりましたが、それ以外の場所は「お互いに触るのはやめる」との合意でした。

ですから、いま中国が行っているプラットホーム建設は、合意違反なのです。

櫻井　合意違反の施設を中国が作ってしまったことを、私は産経新聞に書いたのですが、どうして政府は黙っていたのですか？

佐藤　対中配慮です。

中国との〇八年六月の交渉合意、それを進めたいという意図が強くありました。

対中配慮で隠された合意違反

櫻井　その交渉合意とは、共同開発に関するものですか。

佐藤　そうです。中間線をまたぐ海域に共同開発区域を定めて、その中で共同で開発を進めていこう、そのために継続協議するという内容です。また、「白樺」に関しては、日中共同で開発すると合意した。

そのときの日中共同プレス発表である「東シナ海における日中間の協力について」は、次のようなものです。

〈日中双方は、日中間で境界がいまだ画定されていない東シナ海を平和・協力・友好の海とするため、二〇〇七年四月に達成された日中両国首脳の共通認識及び二〇〇七年一二月に達成された日中両国首脳の新たな共通認識を踏まえた真剣な協議を経て、境界画定が実現するまでの過渡的期間において双方の法的立場を損なうことなく協力することにつき一致し、そして、その第一歩を踏み出した。今後も引き続き協議を継続していく〉（二〇〇八年六月一八日）

しかし共同開発は、この〇八年六月から、全く動いていないのです。協議がストップしたままになっていた。日本側には、その状況を何とかしたいという意図があった。だから中国が何を行っているか、写真などを含めて公開していなかったのでしょう（編集註／一五年七月一七日時点。七月二二日にようやく公開）。

実は、東シナ海のこの上空を、海上自衛隊の哨戒機がほぼ毎日、偵察しています。

櫻井　東シナ海で何が起きているかを偵察し、写真を撮っているわけですから、政府はすべてを承知しています。

佐藤　それらの写真は秘密にするようなものではありません。しかし、中国との交渉を進めたいという意図があってか、公開はずっと抑えていました。

櫻井　外務省が抑えたと、私は取材を通して確信しています。

佐藤　抗議はしていたのですが。櫻井さんが産経新聞で、中国の新たなプラットホーム建設について指摘された日に、菅義偉《すがよしひで》官房長官が記者会見で次のように言われた通りです。

〈一方的な開発を進めていることに対し、中国側に繰り返し抗議すると同時に、作業の中止を求めている〉

しかし、抗議だけでは、中国の建設はなかなか止まらない。

櫻井　抗議している間に新たに建設されてしまい、新たに一二カ所も増えたのですから、抗議の意味はどれほどあるのか考えてしまいます。建設中のものが四基あるという情報がありますね。

佐藤　そういうわけで、今回、やっと方針を変えた。

いま中国は、南シナ海だけではなく、実は九州や沖縄の目の前、東シナ海で、不当な行為を行っている。日中の合意を破って勝手に施設を作っている。これを国民に知らせるために、写真などを公開する方向で、検討しています（編集註／政府が一五年七月二二日、外務省ホームページで公開した地図や写真によると、プラットホームは一三年五月以前に四基建設〔八角亭、平湖、樫、白樺〕、一三年六月以降に一二基新設〔うち二基は土台のみ〕）。

中国に通常の交渉は通用しない

櫻井　話を少し戻しますが、そもそも中国側の言い分というのは、私たちからするとすごく厚かましい。

日本は、国連海洋法条約に基づいて、日本の海岸線から二〇〇海里をＥＥＺとしています。しかし、東シナ海をはさんで向かい合っている日中それぞれの距離は四〇〇海里未満ですから、お互いの海岸線から二〇〇海里を取るとＥＥＺが重なり合ってきます。そこで、日本は、両者が重なっている領域の真ん中に線を引き、それを日中中間線と考えている。

国際社会において、海の境界線は、だいたいこのような中間線を基軸として解決していますから、日本の考え方は妥当です。

ところが中国は本当に厚かましくて、もっと日本寄りの「沖縄トラフ」までを、自国のＥＥＺだと主張しています。

以前、中国の方に取材をしたら、「中国が主張するＥＥＺの海底の土は中国大陸から流れ出た土や砂であり、中国大陸と繋がっている。だから、すべて中国のものだ」

という説明をしていました。

そんなことを言えば、アメリカ大陸から流れ出てきた土や砂で太平洋や大西洋はできているという理由で、すべてはアメリカの海だと主張できることにもなる。

こんなでたらめの主張を中国はするのです。

中国は日本が「共同開発しましょう」と提案したら、「いいよ」と言います。しかし、彼らが言う共同開発とは、中間線の日本側で行うもので、中間線の中国側は中国が単独でやると言うのですね。どうしてなのかと訊いたら、「日本は中間線までしか要望していない。中国は全部を要求しているのだから、お互いの意見が対立しているのは中間線から日本側の海だけだ。だからそこで共同開発をしよう」と、こう言うのです。

これは中川昭一さんが経済産業大臣を務めていた頃の中国側の言い分です。中川さんは、中国の主張は「お前のものは俺のもの、俺のものは俺のもの」というようなものだと、本当に怒っていました。そして、そのとき、日本側も試掘をしようという話になったのです。

しかし、〇五年、第三次小泉純一郎改造内閣で経産大臣が二階俊博さんに代わりました。いまでも鮮明に覚えていますが、二階さんは、「私は試掘の道を取らない」と言って、帝国石油に与えた試掘権を行使させないようにしてしまった。そして、今日に至っているわけです。

私たちは中国が並々ならぬ相手であって、通常の交渉などでは通用しないことを頭に入れて、東シナ海の危機を見なければなりません。

佐藤　そうです。中国が短期間でガス田開発のプラットホームを作れるのは、海底が浅いからです。大陸棚が来ていますから、水深が二〇〇メートルもないのです。

埋め立ては無理かもしれませんが、ガス田開発のプラットホームなら、本当にあっと言う間に作れてしまうほど浅いですね。

櫻井　ガスの採り方にも問題がありますね。中間線からまっすぐ降ろして採掘したとしても、日本のガス田が中間線をまたいで存在している場合、ストローでチューッと吸い上げるようにして、日本側のガスも採ってしまっている。

佐藤　中川先生が指摘されていましたね。

櫻井　そうですね。また、彼らは中間線よりも中国側の海にプラットホームを建てています。しかし、傾斜掘削という技術があり、日本側にある日本単独のガス田からもチューッと吸い上げることができるというのです。この海域には、中東に匹敵するほどの資源が埋まっているとの見方もありますから、中国がそういうことを行っている可能性もあります。

佐藤　可能性はゼロではないでしょう。

軍事利用可能なプラットホーム

櫻井　そして、重要なのは、資源を奪われるということの他に、中国がここに軍事施設を作ることが可能だということです。

佐藤　まず、中国は一三年一一月、東シナ海で一方的に防空識別圏（ＡＤＩＺ）を設定しました。しかも彼らは、防空識別圏を、まるで領空のように扱おうとしています。防空識別圏に入るときは中国の許可を取れと言う。公の領域なので、そんなことはあり得ません。

いままでは、中国は口ではそう言うものの、防空識別圏が大陸から遠いため、レーダーが届かなかった。だから中国が「許可を取れ」と言ったところで、彼らにはチェックできないわけで、日本もアメリカも堂々と偵察しています。

ところが、今回、中国は、プラットホームをたくさん作りました。これは巨大な施設ですから、レーダーを設置すれば、まさに防空識別圏の管制ができてしまうのです。

櫻井　東経一二五度、北緯二九度の交点を中心にして約六〇キロのところに、すべてのプラットホームが集まっている。つまりちょうど、日中の防空識別圏が重なり合う地域の真ん中です。

佐藤　航空管制ができてしまいます。つまり、軍事利用できてしまう。さらに一番南の「白樺」は、尖閣諸島から最も近いへリポートになります。

櫻井　なるほど。

佐藤　大陸よりも尖閣のほうが近い。

櫻井　では、このへリポートから無人機や軍用へリコプターを飛ばすことができる。

佐藤　そういった点から言えば、嫌な場所に作られています。

さらに、ここに通信関係の傍受施設を持てば、日本の自衛隊を含め、様々なことを傍受できてしまう。日本に近いですからね。

また、海底にソナーを置けば、海中の動きを得ることも可能でしょう。大きなプ

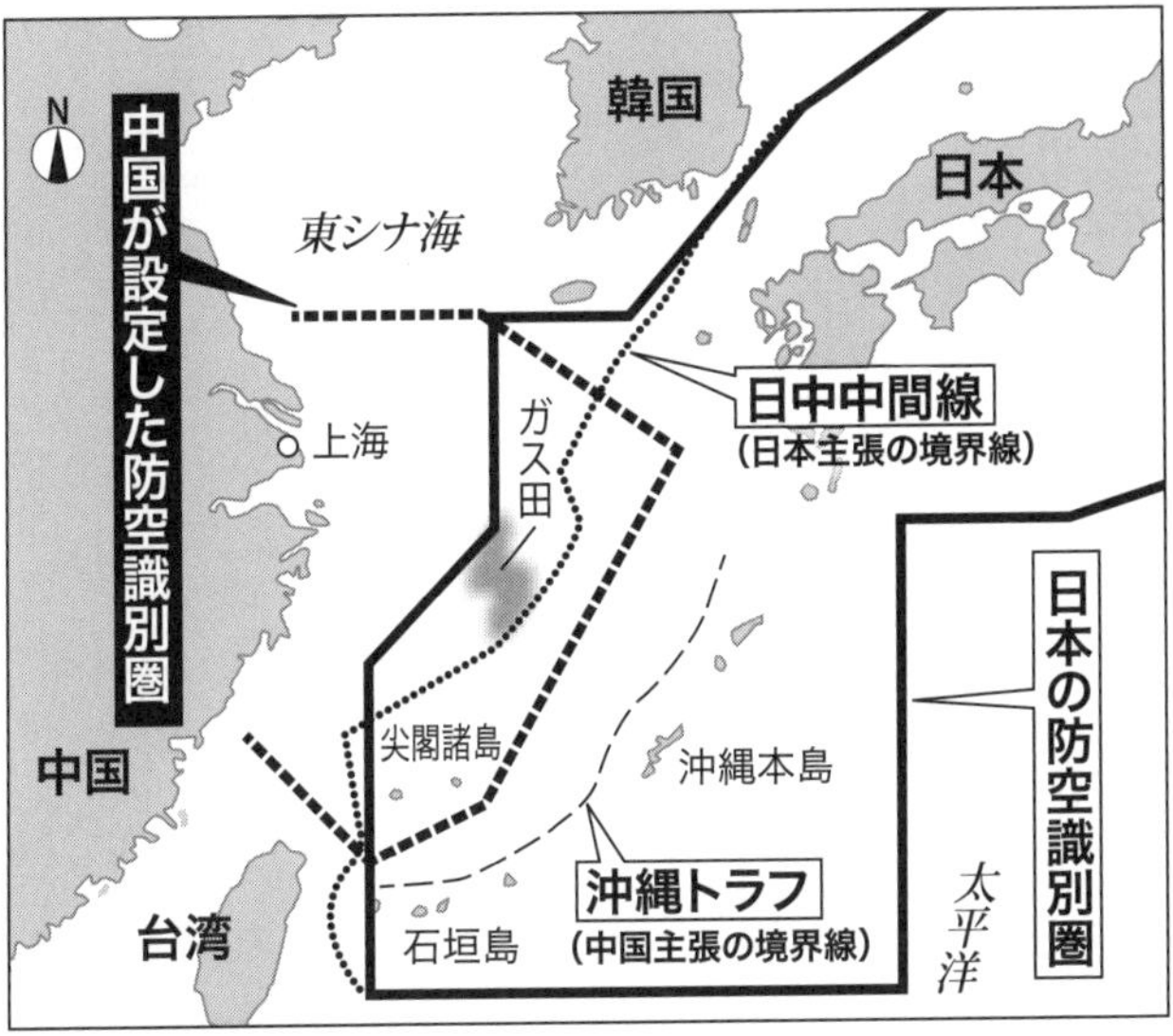

日本の防空識別圏とガス田

ラットホームですから、場合によっては対空ミサイルも置けます。

櫻井　長さはどのくらいあるのですか。

佐藤　五〇メートルくらいはあります。そこに対空ミサイルを置けば、日本側は簡単に偵察できなくなります。

櫻井　対空ミサイルを置けるような施設だということですね。

佐藤　携帯式の対空ミサイルもありますから何でもできますが、あのくらいの大きさの施設であれば、固定の対空ミサイルを設置することも可能でしょう。そういう意味でも、毎日しっかりと警戒監視をして、しかもそれをオープンにしなければ、彼らはどんどん思うようにしてしまいます。

櫻井　自衛隊の航空機を撃つための対空ミサイルを、プラットホームの上に設置される可能性がある。そのような装備が設置されつつあるときに、我が国はそれを止めることができるのですか。

佐藤　中間線の中国側だと、止めることはなかなかできないでしょうね。だからこそ、日頃から警戒監視をして、日米が連携して見ていく必要があります。

もし、対空ミサイルなどを設置しようとすれば、中国は国際社会からものすごい反発を受けることになりますから。

櫻井　南シナ海の埋め立ての問題がオープンになったときが、そうでしたね。

佐藤　一五年六月、中国は、スプラトリー諸島での岩礁埋め立てを「近く完了する」と発表しました。なぜ、急に埋め立てを止めたのか。

アメリカがその一カ月前、P8対潜哨戒機にCNNテレビのカメラマンを同乗させ、南シナ海の現場を撮影させたからです。映像は世界に配信され、それを見た世界は、アメリカ議会も含め、「これでは『砂の万里の長城』ができてしまう」と非難しました。そこで世論ががらっと変わり、中国に対するプレッシャーをかけることができたのです。

櫻井　この映像は非常に大きな衝撃を世界に与えましたが、アメリカを含めて全世界が中国に対して厳しい見方をするきっかけになりましたね。

安保法制で抑止の壁を高める

佐藤　東シナ海で実際に中国がプラットホームを軍事利用する動きを見せたとしたら、沖縄を含めて、いくらなんでもそれはないだろうと、日本国民の世論はかなり変わるでしょう。また、アメリカもそういった一方的な現状変更は認めません。

南シナ海で起きたことが将来、東シナ海で起きないとも限らない。そのプラットホームがいま、でき始めていると言えます。

櫻井　そういった現実を前もって公開して、国民のみなさんに知らせていたら、安保法制の論議も少し変わったのではないでしょうか。

佐藤　まさに「そこにある危機」ですからね。

南シナ海だけの話ではない、東シナ海で、中間線の付近に中国の巨大なプラットホームができている。今後さらに増える可能性もある。実際に、今、建設中のプラットホームもあるでしょう。

櫻井 私が確認しただけでも、あと四カ所あるのですよ（編集註／政府もその後、同様の発表）。

佐藤 これも止めなくてはならない。日本とアメリカが警戒監視をしていることが中国に伝われば、向こうとしても建設しづらくなるでしょう。対空ミサイル設置など軍事的なこととなると、もっとハードルが上がります。

平和安全法制により、平時の日米の共同が進むことになります。いままでは何かあっても、日本は日本、アメリカはアメリカでした。しかし、安保法制を整備することで、平時に共同訓練をするときも、警戒監視のときも、何かあったらお互いに守り合うことができるようになります。これはものすごい抑止効果です。

櫻井 我が国と中国の防衛費の伸び率は、一四年度、日本が〇・八％に対し、中国は一二・二％でした。この年に限って言えば、中国の伸び率は日本のそれの一五倍以上ですよね。これまでも中国の軍事費は伸び続けていて、すでに日本の三倍。あと五年経てば、もっと差が開くでしょう。

軍事力を比較して、日本が一で中国が一〇といった状況になってしまうと、日本を守るために戦おうと思っても、とても戦えません。これは軍人の方に聞いた話ですが、兵力が一対三なら、まだ何とか戦える。しかし、それを超えてしまうと完全に負けるというのです。だからこそ、日本はアメリカと協力することが必要です。

佐藤　日米の連携でいかに抑止の壁を高くするかということですね。南シナ海であそこまで中国が埋め立てを進めてしまったのは、まさにアメリカの抑止が効かないからです。だから中国は埋め立てをした。

東シナ海では、まだプラットホームの段階ですが、日米の抑止が効かないとなると、中国はこれを軍事利用するでしょう。

だから、平和安全法制で平時からしっかりと警戒監視、共同訓練をやる。これを動的抑止と言います。平時の動的抑止を、この東シナ海でかける必要があるのです。

これは、南シナ海の話ではなく、自分の庭先の東シナ海の話ですから、日米でしっかりと対応しなければなりません。今回の法整備によってそれは可能になりますから、私は期待しています。

櫻井　南シナ海の状況は、軍の情報から明らかだったわけですが、オバマ大統領が最後まで動かなかったために、中国はどんどん埋め立てを続けました。また、プーチン大統領はクリミア半島を取りました。

東シナ海のガス田についても同様で、オバマ大統領が積極的に対処してくれるのか、警戒のために動いてくれるのかと考えたとき、そうは思えません。だからこそ日本は、自身がしっかりしなければならない局面に立っているのです。

佐藤　やはり、自分の国は自分で守るのが原則です。そういう原則論に立って、いかに日米同盟を活用するのか。「活米」という観点で、いま動かなければならない。平和安全法制によって、日本もアメリカも東シナ海での活動量を増やすことができるようになるのです。日本自身が一所懸命にやらないと、アメリカだってやりませんよ。

東シナ海の危機を報じなかった朝日

櫻井　日本国内でこの問題について論ずるためには、まずはいま、何が起きているか状況を知らなければなりませんよね。

佐藤　事実を得なければ対応できないですからね。

櫻井　では、誰が知らせるのか。メディアが知らせなければなりません。

一五年七月六日の産経新聞で私は、〈東シナ海の日中中間線にぴったり沿って、中国がガス田を開発し、プラットホーム建設を急拡大している〉と書きましたが、朝日新聞は今日（一五年七月一七日）に至るまで、この件について一行も書いていません。

　産経と読売は報じました。毎日は〈東シナ海ガス田　中国新たに開発　官房長官言及〉、日経は〈中国のガス田開発に抗議　政府、東シナ海中間線付近〉、といずれも菅官房長官の一五年七月六日の会見を受けた小さな記事ではありますが、七日には報じていました。

　しかし、朝日だけは一五年七月一七日の今日まで、この件に関しては一行も書いていない（編集註／朝日新聞は七月二二日の政府の写真公開を受けて翌二三日に報道）。

　一方、〈防衛白書の了承見送り〉という記事で、朝日は佐藤さんたちの指摘で防衛白書を書き直すことについて、次のように報じました。

〈自民党国防部会は7日の会合で、防衛省が示した2015年版の防衛白書の了承を見送った。防衛白書の部会了承見送りは異例だ。白書はこの日の部会で了承手続きを取る予定だったが、部会長の佐藤正久参院議員が「中国の東シナ海でのガス田開発についての記述がほとんどない。安全保障法制に非常に大きく関わる」などと指摘。了

承されなかった〉（朝日新聞二〇一五年七月八日）

しかし、これでは佐藤さんがなぜこの指摘をしているのか、わかりません。その理由は書いていない。つまり、東シナ海のガス田が中国によって勝手に開発されている事実、それが合意違反であることについては報じていない。

朝日の記事のポイントは防衛白書の了承が見送られたという点で、それを問題視している内容です。

佐藤　私が部会長を務める自民党国防部会は、櫻井さんの産経記事の翌七日、一五年版防衛白書について、「中国の東シナ海でのガス田開発について記述がほとんどない」と待ったをかけたのです。ほぼ印刷を終えた段階でしたが、防衛省は急遽、白書に東シナ海をめぐる中国の動きを追記しました。

朝日新聞だけを読まれている方は、この記述では意味がわからないですよね。

櫻井　本当に、朝日の読者は現状をなかなか把握できないでしょうね。

その後、朝日は七月一六日になって夕刊に小さく、〈中国の記述追加　防衛白書を了承　自民部会〉という記事を掲載しました。しかし、以下に見られるように、あくまでも防衛白書についての記事ですね。

〈（前略）白書は中国による東シナ海でのガス田開発について「13年6月以降、東シナ海の日中中間線の中国側で、既存のものに加え、新たな海洋プラットホームの建設作業などを進めていることが確認されている」などと記述。「一方的な開発を進めている」として中国に抗議し、作業中止を求めていることを書き加えた〉

白書はこう記述した、と他人事のように書いています。

佐藤　自分の庭先で起きていることですよ。本当に庭先です。

櫻井　朝日の読者はその事実を知らないわけですから、どうしていま、安保法制を整備する必要があるのかと、疑問を抱いてしまいます。

佐藤　まさにそこです。我々が説明不足なのかもしれませんが、なぜ、いまなのか、なぜ急ぐのかという点については、東シナ海のガス田の状況を見れば一目瞭然です。

櫻井　朝日は安保法案が衆院を通過するという当日に、〈熟議　置き去りにした政権〉（二〇一五年七月一六日、立松朗政治部長）と一面に書きました。

本当に成熟した議論をするためには、あらゆる情報を国民に知らせなければならないわけでしょう。しかし、朝日新聞は、安保法制にかかわる重要な事実を国民に知らせず、その一方で、政府に熟議を求めた。

佐藤　メディアとして、いかがなものかと思います。

櫻井　いかがなものか、を超えて、激しい言い方でしょうが、これはメディア失格ではないかとさえ思います。

佐藤　確かに。

櫻井　一方で自民党は責任政党として、情報がきちんと伝わるようにしていかなくてはなりません。佐藤さんは自衛官として、ずっと以前からこういった状況をご存知だったでしょうが、政府が言わない、公開しないことに対して、自民党内で議論や葛藤はあったのですか。

軍事利用を止めるために

佐藤　我々は盛んに動いていましたが、党内にはのらりくらりという空気も漂っていました。でも、櫻井さんが産経新聞に事実を書いたでしょう。あの記事のおかげで空気ががらりと変わりました。メディアで報道されることが、どれだけ大きなインパクトを与えるか。これは典型例で、櫻井さんのあの記事がなければ、防衛白書の書き替えも抵抗が強くてできなかったかもしれません。

櫻井　その意味では、安倍総理の外交と、外務省主導の外交が、ぴったりと息の合った形で進んでいるのかどうか、疑問です。東シナ海での中国の動きについて、安倍総理が隠そうという気持ちを持っていたとは思えません。

外務省主導で、名前を挙げれば谷内《やち》正太郎《しょうたろう》さん（国家安全保障局長）あたりが、中国とのやり取りをスムーズにするために、彼らにしてみればもっと大きな枠組みから考えて、この問題を出さないお考えだったのでしょうか。

しかし、特定秘密のようなものをのぞいて、情報を出さないことによって状況がよくなることは、民主主義の国ではほとんどありません。

佐藤　そうですね。これは単にガスという資源問題、または外交交渉の最中である中間線の問題というレベルを超えています。国民が知らないうちに巨大海洋ステーションができたという問題なのです。

国会で防衛大臣が認めるように、軍事利用が可能な巨大ステーションです。軍事利用が可能という点こそがポイントなのです。

日本政府は、国防の観点から中国によるプラットホーム開発、軍事利用を止めなければならない。止めるためには、情報をオープンにして、世論を味方にして外交をしなければなりません。

また、国民にその事実を知らせて、いままでの日米安保条約やＰＫＯ協力法のときのように、今回も平和安全法制の壁を乗り越えなければなりません。

そして、その次はやはり憲法改正です。そのためにも一つひとつを乗り越えていく。我々自民党は憲法改正を党是としている政党ですから、改正に向けて頑張っていきます。

櫻井　安保法制の先には、国防のための憲法改正という大きな仕事があります。日本の平和のために力を尽くしていただきたいと切望しています。

（二〇一五年七月一七日放送）

あとがき

花田紀凱

「民意」は非常にうるさい。

「民意」は目障りである。

新聞やテレビで報じられる「民意」に騙されてはならない。

たとえば安保法制に関する新聞、テレビの報じ方、ハッキリ言って異常だった。

スタートは一昨年、二〇一四（平成二六）年の五月一五日に安保法制懇が報告書を出した翌日、朝日新聞は見開き二ページを使い〈近づく　戦争できる国　遠のく　憲法守る政治〉と大見出しを打った。東京新聞に至っては、一面で〈「戦地に国民」へ道〉である。

そして社会面には「戦争は嫌だ」「絶対に平和を守らなければ」「戦前に戻るのか」などの「民意」が溢れ返っていた。

二〇一五年五月一九日、国会の審議が始まると、朝日は「民意」をリードするために異常な報道を続けた。まさにキャンペーンというにふさわしい分量である。

本文でも触れたがたとえば朝日新聞を例にとると、社説で三七回。「天声人語」で二五回も反対の論陣を張った（ちなみに毎日新聞は社説で四八回、東京新聞は三六回、反対の社説を掲載している）。

九月一九日の毎日新聞社説はこう書いている。

〈日本の民主政治は一体どうなってしまうのか。国会周辺を中心に全国各地で反対デモを続ける人々だけでなく、多くの国民が疑問や怒り、そして不安を感じているだろう〉

同じ日の東京新聞社説。

〈私たちは、奴隷となることを拒否する。政権が、やむにやまれず発せられる街頭の叫びを受け止めようとしないのなら、選挙で民意を突き付けるしかあるまい〉

〈実際に選挙に行き、民意が正しく反映されていれば、政権側が集団的自衛権の行使に道を開き、違憲と指摘される安保法制を強引に進めることはなかっただろう〉（共に傍点筆者）

「街頭の叫び」とやらは「民意」なのか。新聞は自分たちの主張こそが「民意」だと言いたいのだろうが、本当だろうか。

朝日新聞の読者投稿「声」欄には、この間、五三本の投稿が掲載されている。内訳は反対四二本、賛成一一本。

かつて朝日新聞の「声」欄は朝日の気に入る「民意」しか載らなかったが、例の「従軍慰安婦」問題の訂正、謝罪以来、さすがにまずいと思ったのだろう。アリバイ的に少しは反対の「民意」も掲載するようになった。

呆れるのは、朝日新聞は「俳壇・歌壇」欄まで「民意」に利用したことである。「俳壇・歌壇」選者による対談（「朝日新聞」二〇一五年八月六日）では、〈安保法制がらみの作品が目立っている。自然を詠むことが多い俳句にも、である。何が起きているのか〉とリードにある。これほど「民意」を反映していると言いたいのだろう。

「目立っている」というが、何篇の応募作品があり、そのうち、この手の歌や句が、何篇あったかを明らかにしないのはフェアではなかろう。

「何が起きているのか」とはヌケヌケと書くもので、毎日、山のような安保法制反対報道に接していれば、読者の「民意」は当然ながら朝日的にならざるを得まい。

「俳壇」選者の金子兜太氏はこう語っている。

「この夏が正念場だ、という思いが投句者にあるわけです。私は、新聞俳壇はジャーナリズムだと捉えていますので、意識して選んでいます」

「歌壇」選者の佐佐木幸綱氏。

「60年安保闘争に向かって、社会詠が大いに盛り上がった。今回、それ以来の盛り上がりのような気がします」

で、選ばれたのがこんな句であり、歌なのである。

〈憲法が散華してをる揚花火〉

〈「戦争に巻き込まれることあり得ない」こと起きるのが戦争なんだ〉

それほど素晴らしい句や歌とも思えないが、このようにして新聞の「民意」なるものは形づくられていくのである。

ではテレビはどうか。

小川榮太郎さん（評論家）が事務局長をつとめる「放送法遵守を求める視聴者の会」は二〇一五年九月一三日から二〇日までの八日間、ＴＢＳの平和安全法制関連番組を調べてみた。報道時間は一三時間五二分四四秒である。

ストレートな事実報道が七・三％。それ以外を「賛成」「反対」「どちらでもない」の三つに分けると「どちらでもない」が五三％、「賛成」が七％、「反対」が四〇％だったという。「どちらでもない」を除くと、賛否のバランスはなんと賛成一五％、反対八五％である。時間に換算すると賛成報道は五十八分十七秒、反対報道は五時間一二分。これでTBSは胸を張って「公正、中立」と主張できるのだろうか。

こうやって、また「民意」が形づくられるのである。

小川さんたちの批判に対して朝日新聞は、〈TBS批判　まっとうな言論活動か〉と題した四月一三日の社説で、まるで自らがやり玉に上げられたように、激しく批判した。

〈この団体は、放送法を一方的に解釈して組織的に働きかけようとしている〉

〈まっとうな言論活動とはいえない〉

要は朝日とTBSのいう「民意」に沿わないのが気に喰わないのだろう。

テレビではしばしば、国会を取り巻くデモの様子が報じられた。「SEALDs」はまさにヒーローという扱いで、奥田某という若者は一躍、時の人になった。

「9条壊すな！」「戦争させない！」「安倍倒せ！」などと書かれたプラカードが画面

いっぱいに拡がった。あのラップとやらを聞いているだけで気持ちが悪くなる。

しかし、せいぜい数十人の彼らの周りは六〇年安保世代、ほとんど老人ばっかりという風景はいっこうに画面に出て来ない。午前〇時を過ぎると、潮が引くように引き揚げていくデモ隊の様子も、急に静かになった国会前の風景も報道されない。

国会で「アベ政治を許さない」「強行採決反対!!」というプラカード（ビラ）を持ち出した民主党議員をたしなめるどころか、何度も何度も繰り返してその映像を流し続ける。

テレビはもともと、感性のメディアだから視聴者は洗脳されやすい。こうしたテレビ報道によっても「民意」が形成されていくのである。

新聞、テレビは「民意」なるものを自らつくり出し、「民意」「民意」と書きたて、自らに都合のいい「民意」をタレ流している。

つまりは自作自演なのである。

六〇年安保騒動の時、岸信介首相は国会議事堂を取り巻くデモを見てこう言ったという。

「（デモの）参加者は限られている。野球場や映画館は満員で、銀座通りはいつもと変わりがない」

本当の「民意」はそういうところに静かに息づいているのではないだろうか。

騒がしい「民意」、目障りな「民意」に惑わされないために情報を発信し、ものの見方を提示する。それが雑誌の、いや本来のジャーナリズムの仕事であろう。

平成二八年四月

本書は、櫻井よしこキャスターの番組『櫻LIVE　君の一歩が朝《あした》を変える！』、花田紀凱キャスターの番組『花田編集長の右向け右！』（ともに製作／言論テレビ）で放送された対談をもとに再構成、大幅に加筆したものです。

言論テレビ
『君の一歩が朝《あした》を変える！』http://www.genron.tv/ch/sakura-live/
『花田編集長の右向け右！』http://www.genron.tv/ch/hanada/

櫻井よしこ（ジャーナリスト）

ベトナム生まれ。ハワイ州立大学歴史学部卒業。「クリスチャン・サイエンス・モニター」紙東京支局員、アジア新聞財団「DEPTHNEWS」記者、同東京支局長、日本テレビ・ニュースキャスターを経て、フリー・ジャーナリスト。1995年に『エイズ犯罪　血友病患者の悲劇』（中央公論）で第26回大宅壮一ノンフィクション賞、1998年に『日本の危機』（新潮文庫）などで第46回菊池寛賞を受賞。2011年、日本再生へ向けた精力的な言論活動が高く評価され、第26回正論大賞受賞。

2007年「国家基本問題研究所」を設立し理事長、2011年、民間憲法臨調代表に就任。2012年、インターネット動画番組サイト「言論テレビ」を立ち上げ、キャスターを務める。

著書に、『論戦』シリーズ（ダイヤモンド社）、『何があっても大丈夫』『日本の敵』（新潮社）、『迷わない。』（文春新書）、『「正義」の嘘　戦後日本の真実はなぜ歪められたか』（花田氏との共著、産経新聞出版）など多数。

花田紀凱（『Hanada』編集長）

1942年、東京生まれ。66年、文藝春秋入社。88年、『週刊文春』編集長に就任。6年間の在任中、数々のスクープをものし、部数を51万部から76万部に伸ばして総合週刊誌のトップに。94年、『マルコポーロ』編集長に就任。低迷していた同誌部数を5倍に伸ばしたが、95年、「ナチガス室はなかった」の記事が問題となり辞任、1年後に退社。以後『uno!』『メンズウォーカー』『編集会議』『WiLL』などの編集長を歴任。

2016年4月より『Hanada』編集長。テレビやラジオのコメンテーターとしても活躍。産経新聞コラム「週刊誌ウォッチング」、夕刊フジコラム「天下の暴論」はファンも多い。著書に『「正義」の嘘　戦後日本の真実はなぜ歪められたか』（産経新聞出版）、『花田式噂の収集術』（KKベストセラーズ）、『花田編集長！質問です。—出版という仕事で生きる』（ユーリード出版）など。

好きなものは猫とコスモス。

「民意」の嘘　日本人は真実を知らされているか

平成 28 年 5 月 14 日　第 1 刷発行
平成 28 年 7 月 15 日　第 5 刷発行

著　　者　櫻井よしこ　花田紀凱
発 行 者　皆川豪志
発 行 所　株式会社産経新聞出版
〒 100-8077 東京都千代田区大手町 1-7-2
産経新聞社 8 階
電話　03-3242-9930　FAX　03-3243-0573
発　　売　日本工業新聞社　電話　03-3243-0571（書籍営業）
印刷・製本　共同印刷株式会社

ISBN 978-4-8191-1281-9　　C0095